August Heintz

Die Bayerische Pfalz unter den Römern

August Heintz

Die Bayerische Pfalz unter den Römern

ISBN/EAN: 9783743374270

Hergestellt in Europa, USA, Kanada, Australien, Japan

Cover: Foto ©ninafisch / pixelio.de

Manufactured and distributed by brebook publishing software (www.brebook.com)

August Heintz

Die Bayerische Pfalz unter den Römern

Die Bayerische Pfalz
unter den Römern.

Ein Beitrag
zur Feststellung der römischen Topographie des linken Rheinufers.

Mit einer Uebersichtskarte.

Kaiserslautern, 1863.
Commissionsverlag von J. J. Tascher.

Vorrede.

Wenn man den Zustand der Pfalz zur Zeit der Römerherrschaft erforschen, die damals vorhandenen Städte und Flecken und die zu ihrer Verbindung bestimmten Straßen ermitteln will, so hat man mit größeren Schwierigkeiten zu kämpfen, als es auf den ersten Blick den Anschein hat. Ungeachtet der großen Anzahl der einzelnen Alterthümer fehlt es nämlich in der Pfalz gerade an solchen Resten aus der Römerzeit, welche für die ehemalige Topographie entscheidend sind. Die verheerenden Kriege, denen die Rheinlande mehr, als die übrigen Provinzen Deutschlands ausgesetzt waren, und eine von jeher zahlreiche und betriebsame Bevölkerung haben zusammengewirkt, um die nur irgend bedeutenden Reste aus jener Zeit so vollständig zu vertilgen, daß zur Auffindung erheblicher Alterthümer selbst für die Zukunft wenig Hoffnung übrig bleibt.

Will man daher auf diesem Felde der Geschichtsforschung nicht bei bloßen Vermuthungen stehen bleiben, sondern zu einem bestimmten und sicheren Resultate gelangen, so darf man sich nicht auf dasjenige beschränken, was jetzt noch vorhanden und sichtbar ist, sondern muß sich nach anderen Quellen umsehen. Diese sind in der That vorhanden und bedürfen, um reichlich zu fließen, nur der Hand, welche sie erschließt. Es sind die Urkunden und Aufzeichnungen des Mittelalters, also jener Zeit, welche der Periode der Römerherrschaft noch näher stehend, die Erinnerung daran noch bewahrt hätte. Aus ihnen lernen wir nicht nur die ehemaligen Straßenzüge, sondern auch die alten

Namen der Wege, Berge und Fluren kennen und da diese häufig auf römische Bauwerke hindeuten, so setzen sie uns dadurch in den Stand, die vorhandenen Lücken zu ergänzen und die einzelnen Bruchstücke zu einem Ganzen zu vereinigen.

Der Verfasser, dem längere Zeit die Benützung des Kreisarchivs zu Speier gestattet war, hat in dem gegenwärtigen Werkchen den Versuch gemacht, auf diesem neuen Wege das Dunkel, welches bisher über den Zustand der Pfalz zur Zeit der Römer herrschte, zu erhellen, und die römischen Niederlassungen, sowie die sie verbindenden Römerstraßen nachzuweisen. Er verhehlt sich nicht, daß er diesen Gegenstand noch lange nicht erschöpft hat, denn dazu gehören noch vielfache Erhebungen an Ort und Stelle, welche ihm, der selbst nicht mehr in der Pfalz wohnt, nicht möglich sind; ja, er ist sogar im Voraus überzeugt, daß ihm manches Wichtige entgangen ist, und daß manche seiner Vermuthungen die Probe nicht bestehen werden; immerhin aber glaubt er sich schmeicheln zu dürfen, manchen Zweifel gelöst und manche irrige Ansicht für immer beseitigt zu haben.

Es ist nun zunächst Sache der an Ort und Stelle wohnenden Freunde der Geschichte, auch ihrerseits zu diesem Zwecke mitzuwirken. Um dieses auch solchen möglich zu machen, denen die erforderlichen literarischen Hilfsmittel nicht zu Gebote stehen, hat der Verfasser nicht nur eine Anleitung vorausgeschickt, auf welche Punkte sie nach den anderwärts gemachten Erfahrungen vorzugsweise zu achten haben, sondern auch jene Notizen aus den ältern Urkunden, welche die weiteren Forschungen zu erleichtern schienen, zur Benützung beigefügt.

Möchte es ihm gelungen sein, zu recht zahlreichen Forschungen den Anstoß gegeben zu haben! Möchte man vor Allem auf die älteren Urkunden sein Augenmerk richten und sie in der angedeuteten Richtung ausbeuten! Ist dieses auch im Kreisarchive nicht möglich, weil dasselbe so viel als unzugänglich ist, so liegen doch in den Gemeinde-Archiven noch viele alte Lagerbücher, Giltbriefe und dergleichen, welche reiches Material liefern werden. Möchten insbesondere die k. Bezirksgeometer und die k. Forstbeamten, deren Beruf ohnehin ihre häufige Anwesenheit im Felde und im Walde erfordert, diesem Gegenstande Interesse abgewinnen, und ihre Beobachtungen auf irgend eine Weise bekannt machen. Möge man aber nicht mehr zu lange warten, ehe man an das Werk geht. Jetzt gibt es noch Leute, welche die früheren Zustände und die ältern Benennungen kennen, und von den in den letzten 40--50 Jahren gemachten Ausgrabungen noch die Stellen anzugeben wissen. Läßt man diese Generation vollends aussterben, so wird man das Versäumte kaum noch nachholen können.

Der Verfasser.

Inhalts-Register.

Erste Abtheilung. Allgemeiner Theil.
Erstes Kapitel. Geschichtliche Einleitung.

Seite

1. Die Kelten 1
2. Die Deutschen 2
3. Die Römer 3

Zweites Kapitel. Römische Einrichtungen.
A. Kriegsverfassung.
1. im Allgemeinen 6
2. Straßenwesen 7
3. Feste Plätze 9

B. Bürgerliche Verhältnisse.
1. Städte, Flecken und Höfe 11
2. Landwirthschaft 14
3. Entwässerungsanstalten 16

Drittes Kapitel. Regeln zur Erforschung der römischen Straßen und Niederlassungen.
1. Quellen.
 a) römische 18
 b) Quellen aus dem Mittelalter 20
 c) neuere Literatur 22
2. Römische Straßen 23
3. Römische Kriegsplätze 29
4. Bürgerliche Niederlassungen
 a) äußere Kennzeichen 31
 b) Namen 34
5. Tempel und Sacellen 38
6. Gräber 39

Zweite Abtheilung. Römische Straßen.
1. Straße von Straßburg über Speier nach Mainz . 40
2. Straße von Straßburg nach Bingen 51
3. Straße von Metz nach Worms 57
4. Straße vom Varuswald bei Tholei nach Straßburg 60
5. Straße vom Varuswalde nach Kreuznach . . 62
6. Straßen auf der Süd- und Ostseite des Donnersberges 63

Dritte Abtheilung. Einzelne römische Stationen und Niederlassungen.

	Seite
1. Albisheim an der Pfrim	66
2. Altenglan	67
3. Altenstadt bei Weisenburg	69
4. Altstadt bei Limbach	71
5. Bergzabern	72
6. Blieskastel	74
7. Deidesheim	75
8. Ebernburg	77
9. Eisenberg	78
10. Die Heidelsburg	79
11. Die Heidenburg bei Kreimbach	80
12. Der Heidenkopf bei Breidenbach	81
13. Der Hohberg und der Drachenfels	84
14. Homburg	85
15. Hornbach	86
16. Johanniskreuz	88
17. Kaiserslautern	90
18. Kirkel	95
19. Der Königsberg bei Wolfstein	96
20. Kriegsfeld	96
21. Landau	97
22. Landsberg	98
23. Landstuhl	99
24. Lauterburg	102
25. Lemberg	103
26. Die Merburg	104
27. Mutterstadt	105
28. Neukastel	106
29. Neustadt an der Haardt	106
30. Reinheim an der Blies	109
31. Rheinzabern	110
32. Die Burg Riesweiler	111
33. Rockenhausen	113
34. Roßberg	115
35. Schifferstadt	116
36. Schwarzenacker und Werschweiler	117
37. Speier	120
38. Sterrenberg	123
39. Weisenheim am Sand	124
40. Zweibrücken und Irheim	125

Erste Abtheilung.
Allgemeiner Theil.

Erstes Kapitel.
Geschichtliche Einleitung.

1. Die Kelten.

Die ersten Bewohner des linken Rheinufers, von benen uns die Geschichte Kenntniß gibt, waren Kelten (Celten) oder Gallier, ein Volk, welches das ganze heutige Frankreich, England und Irland, und selbst einen großen Theil von Deutschland inne hatte, bis es aus dem letztern durch einwandernde deutsche Volksstämme verdrängt wurde.

Die Kelten waren kein wildes Volk mehr, sondern hatten schon einen verhältnißmäßig höhern Grad von Kultur erlangt. Sie wohnten zusammen in geschlossenen Orten, besaßen eigene Münzen, trieben Handel und Gewerbe, und hatten es namentlich in der Kunst der Bearbeitung des Erzes schon zu einer gewissen Fertigkeit gebracht.

Unter den Kelten selbst gab es verschiedene Stämme. Der eine war jener der Nemeter, welche die Rheinebene von Selz im

Elsaß bis an die Isenach bei Dürkheim bewohnten und Speier (civitas Nemetum) zur Hauptstadt hatten. An sie schlossen sich im Norden die Vangionen an, welche die Gegend nördlich und östlich vom Donnersberge inne hatten, und als Hauptstadt Worms (Borbetomagus) besaßen. Südlich von den Nemetern saßen die Triboker, deren Hauptstadt vielleicht Brumat (Brocomagus) war. Das Gebirgsland aber war von den Mediomatrikern, einem der größten keltischen Stämme, bewohnt, welche Metz (Divodurum) zur Hauptstadt und in der Gegend der Nahe die Trevirer zu Nachbarn hatten.

Daß in einem Zeitraume von beiläufig 2000 Jahren, welcher zwischen den Kelten und uns liegt, beinahe alle sichtbaren Spuren dieses Volkes verschwunden sind, ist begreiflich. Indessen werden doch noch bisweilen keltische Münzen, unter denen die sogenannten Regenbogenschüsselchen die bekanntesten sind, und keltische Geräthschaften aus Erz gefunden, welche sich durch ihre Form von den römischen Arbeiten dieser Art leicht unterscheiden lassen. Noch mehr Spuren ihrer Anwesenheit in unserer Gegend haben sich in den keltischen Benennungen mancher Flüsse und Bäche erhalten. So sollen der Rhein, die Alsenz, die verschiedenen Albe im Westrich (wie Trualb, Schwalb, Rodalb u. s. w.), die Pfrim, der Glan, die Nahe und andere ihre Namen aus dem Keltischen herleiten, der Ort Jockgrim in dieser Sprache so viel als Salmenufer, und der im Westrich für Walddistrikte häufig vorkommende Namen Schachen so viel als Gebüsch, Dickicht, bedeuten. Wahrscheinlich hat auch der zwischen Pirmasens und der Blies für Waldungen ungewöhnlich häufig vorkommende Namen Sitters oder Seiters eine ähnliche Abstammung.

2. Die Deutschen.

Schon lange vor Christi Geburt hörten die in der Nähe des Rheines wohnenden Kelten auf, die ruhigen, unbestrittenen Besitzer des Landes zu sein. Deutsche Volksstämme, deren Namen nicht mehr bekannt sind, drangen über den Rhein bis in das Gebirge der Vogesen vor, unterwarfen sich die einheimische keltische Bevölkerung, und schlugen ihre Wohnsitze unter ihnen auf, was um so leichter ging, als die Kelten meistens Handel und Gewerbe, die Deutschen aber nur Viehzucht und Jagd trieben.

Die Oberherrschaft der Deutschen über die Kelten war nicht von langer Dauer. Als immer mehr Deutsche über den Rhein kamen und immer tiefer in Gallien eindrangen, warf sich Julius Cäsar, das damalige Oberhaupt des mächtigen römischen Reiches, zum Schutze Galliens auf. Er schlug die eingedrungenen Deutschen unter ihrem Anführer Ariovist im Jahre 58 vor Christi Geburt in einer großen Schlacht, welche wahrscheinlich im oberen Elsaß stattfand. Darauf gingen die meisten deutschen Völker wieder über den Rhein zurück, jene aber, welche unter den Nemetern, Vangionen und Tribockern wohnten, blieben in ihren Wohnsitzen, ein Beweis, daß sie schon lange hier ansäßig waren.

Cäsar ließ nach seinem Siege über den Ariovist die Volksstämme auf dem linken Ufer des Rheins in Ruhe, denn sie waren nicht mehr gefährlich, und seine Anwesenheit an andern Orten nöthiger. Erst als die Trevirer unter der Anführung des Tutor sich gegen die römische Herrschaft empörten und von den Vangionen und Tribockern, wahrscheinlich auch von den Nemetern Unterstützung erhielten, war es um ihre Selbstständigkeit geschehen. Der römische Consul Nonius Gallus bezwang im Jahre 29 vor Christi Geburt den Aufstand, und brachte bei dieser Gelegenheit auch das ganze linke Rheinufer unter die römische Herrschaft. Da diese Gegend überwiegend von Deutschen bewohnt war, so wurde sie von nun an Ober-Deutschland (Germania superior) genannt.

3. Die Römer.

Als die Römer das von den Deutschen bewohnte Gebiet auf dem linken Rheinufer sich unterwarfen, fanden sie nur wenige Städte mit den Resten der keltischen Bevölkerung, auf dem Lande aber nur zerstreute Ansiedelungen, theils mit deutschen, theils mit keltischen Bewohnern vor. Das Land selbst war zwar großentheils angebaut, aber noch unwegsam.

Die Römer begannen damit, durch ihre Legionen Straßen anlegen zu lassen, und sie durch Kastelle sowohl gegen Einfälle von Außen, als gegen Empörungen im Innern zu schützen. Zugleich wurden die römischen Einrichtungen eingeführt, und römische Behörden zur Verwaltung des Landes eingesetzt. Die Eingebornen, Kelten und Deutsche, aber mußten nicht nur ein Drittheil ihres Grundeigenthums hergeben, welches für ausgediente Soldaten zur Ansiedelung bestimmt war, sondern auch von den übrigen zwei Drittheilen einen jährlichen Zins oder Pacht in Geld oder Früchten an die römische Staatskasse entrichten.

Die Römerherrschaft dauerte beiläufig bis zum Jahre 407 nach Christi Geburt, wo ihr die über den Rhein eingedrungenen Vandalen, Alanen und Sueven für immer ein Ende machten. Da sie spätestens schon im Jahre 29 vor Christi Geburt angefangen hatte, so können wir ihre gesammte Dauer auf mindestens 436 Jahre annehmen. Daß während dieser langen Zeit die Römer ihren heimathlichen Sitten und Gebräuchen, ihrer Sprache und ihrer gesammten Einrichtung auch hier Eingang verschafften, muß einleuchten. In der That merkt man unserm heutigen Acker- und Weinbau, der Bauart der Städte und Flecken noch jetzt an, daß die Römer unsere Lehrmeister waren. Aber auch augenfällige Spuren ihres Daseins haben sich in den zahlreichen römischen Altären und Denksteinen, in den Ueberresten ihrer Straßen und Kastelle erhalten.

Die Periode der Römerherrschaft war für die Eingebornen keine glückliche. Daß sie sogleich einen Theil ihres Eigenthums hergeben und von dem Reste einen Zins entrichten mußten, war nicht geeignet, sie mit dem neuen Zustande der Dinge zu befreunden. Dieser Zins scheint zwar anfangs mäßig gewesen zu sein, und namentlich wurden unter den Kaisern Hadrian, Antoninus und Markus Aurelius die Provinzen mit Schonung behandelt, weßhalb ihre Regierungsperiode die Zeit der höchsten Blüthe für unser Land gewesen sein dürfte; allein bald wurde diese Steuer beinahe unerschwinglich. Nicht nur riß die Willkür der Beamten immer mehr ein, sondern man verfiel auch auf das verderbliche System, die Stellen der Finanzverwaltung an den Meistbietenden zu vergeben. Die Finanzbeamten waren dadurch auf Erpressungen und Bedrückungen gleichsam angewiesen und diese gingen häufig so weit, daß die Eingebornen in ihrer Verzweiflung Haus und Hof verließen, ihr Geld vergruben und sich in undurchdringliche Waldungen versteckten. Noch drückender war ihre Lage in Kriegszeiten, wo sie außer den gewöhnlichen Steuern auch die Lebensmittel für ganze Heere liefern mußten.

Dieses Elend der Eingebornen hatte für die Römer selbst üble Folgen. Als unter den spätern römischen Kaisern die jenseits des Rheins wohnenden Deutschen häufig in das römische Gebiet einfielen, wurden sie von der unterdrückten Bevölkerung mit offenen Armen aufgenommen und unterstützt.

Unter so traurigen Verhältnissen konnten sich die Eingebornen nicht vermehren, sondern mußten sich vermindern. Mehrere römische Kaiser waren daher darauf bedacht, dem entvölkerten Lande neue Ansiedler zuzuführen. Dieses geschah in der Weise, daß die im Kriege unterjochten fremden Völkerschaften genöthigt wurden, einen Theil ihrer Angehörigen hierher zu senden. So finden wir auf dem linken Rheinufer, wenn auch nicht gerade in unserer Gegend, neben den eingebornen Kelten und den eingewanderten Deutschen auch Ansiedelungen von Britten, Gothen und Sauromaten. Indessen waren diese Fremden doch nicht zahlreich genug, um die keltischen und deutschen Sitten und Gebräuche zu verdrängen.

Die Herrschaft der Römer war, ehe sie völlig zu Ende ging, mehrmals auf Jahre unterbrochen. Unter Kaiser Constantius II., dem Sohne Constantins des Großen, wurden im Jahre 354 alle römischen Orte am Niederrhein von den Franken, jene am Oberrhein von den Alemannen erobert und behauptet, bis Kaiser Julian nach einem Siege, welchen er bei Straßburg über einen Anführer der Alemannen, Chnobomar, gewann, im Jahre 357 die Städte Mainz, Worms, Speier u. s. w. wieder in seine Gewalt brachte. Unter Kaiser Valentinian I., um das Jahr 366, überfiel der Alemanne Rando das von Truppen entblöste Mainz, richtete ein großes Blutbad an und kehrte, mit Gefangenen und Beute beladen, über den Rhein zurück, wofür sich Valentinian im Jahre 369 durch die Schlacht bei Solicinium am Neckar rächte. Als endlich der Feldherr des Kaisers Honorius, Stilicho, die Legionen, welche die Rheingrenze vertheidigten, zum Schutze Italiens gegen die Einfälle der Westgothen und anderer germanischer Völker hinweggezogen hatte, gingen am 31. Dezember 406 die Vandalen über den Rhein; ihnen folgten die Alanen. Da beide Völker aber nicht an der Grenze stehen blieben, sondern weiter nach Gallien vordrangen, benützten die oberrheinischen Grenzvölker, namentlich die Burgunder und Alemannen, diese Gelegenheit, um im Jahre 408 gleichfalls den Rhein zu überschreiten. Strasburg und Speier wurden sogleich, Worms erst nach einer langen Belagerung eingenommen. Damit endigte die römische Herrschaft für das linke Rheinufer.

Zweites Kapitel.

Römische Einrichtungen.

A. Kriegsverfassung.

1. Im Allgemeinen.

Ueber die römische Kriegsverfassung ist uns nur aus der letzten Zeit der Römerherrschaft etwas Näheres bekannt. Darnach hatte damals der oberste Befehlshaber der römischen Truppen am Oberrhein, welcher den Titel dux (Herzog) führte, seinen Sitz zu Mainz. Unter ihm standen Unterbefehlshaber mit dem Titel comes (Graf) und unter diesen endlich die Präfecten in den Standlagern.

Die römischen Legionen, welche in unserer Gegend garnisonirten, wechselten häufig ab. Am verbreitetsten war die 22. Legion, mit dem Beinamen primigenia pia fidelis, welche, nachdem sie an der Eroberung und Zerstörung von Jerusalem Theil genommen hatte, im Jahre 81 nach Christi Geburt nach Mainz und dem Oberrhein kam und hier mehrere Jahrhunderte lang in Garnison blieb. Da eine Legion mit ihren Hilfstruppen über 12,000 Mann stark war, so ist es erklärlich, daß sie eine Menge von Kriegsplätzen gleichzeitig besetzt halten konnte. So hat man von der 22. Legion Inschriften zu Mainz, Worms, Speier, Rheinzabern und Altenstadt bei Weißenburg gefunden, und daß sie auch in Altrip war, wissen wir aus anderen Quellen.

2. Straßenwesen.

Da die Römer als Feinde in unsere Gegend kamen, so mußten sie vor Allem darauf bedacht sein, das eroberte Land durch Straßen zugänglich zu machen, und durch befestigte Plätze zu sichern. Sie thaten dieses in einem so ausgedehnten Maßstabe, daß das ganze Land gleichsam mit einem Netze von Straßen und Befestigungen bedeckt war.

Was zunächst die Straßen betrifft, so hatten die Römer je nach ihrer größeren oder geringeren Wichtigkeit verschiedene Klassen. Es gab

1. Konsular- oder Militärstraßen, welche die Hauptorte mit einander verbanden und

2. Vicinalstraßen, welche zunächst nur zur Vermittlung des Verkehrs zwischen den einzelnen Niederlassungen dienten, nebenbei jedoch auch Militärposten mit einander verbanden.

Bei der ersten Klasse, also bei den Straßenanlagen für Kriegszwecke gingen die Römer von folgenden Grundsätzen aus:

1. In der Ebene wurde in der Regel die gerade Linie zwischen den beiden mit einander zu verbindenden Orten eingehalten.

2. Im Gebirgslande dagegen wurden die Straßen, um sie vor Zerstörung durch das Wasser zu schützen, und um Ueberfälle des Feindes von oben herab zu verhindern, so lange als möglich auf der Höhe des Gebirges oder auf der Wasserscheide gehalten, und wo der Uebergang über ein Thal nicht vermieden werden konnte, geschah das Ab- und Aufsteigen nicht in den Seitenthälern, sondern auf dem zwischen ihnen befindlichen Bergabhange.

3. Starke Steigungen oder Senkungen der Straßen wurden nicht so ängstlich vermieden, wie heutzutage. Selbst Steigungen von mehr als 15 Procenten kommen in der preuß. Rheinprovinz vor.

Nur wo die Abhänge gar zu steil waren, führte man die Straße in schlangenförmigen Windungen hinab.

4. Auf ebenem Terrain bildeten die Straßen Dämme von beiläufig 18 Fuß Breite. Sie waren auf beiden Seiten mit Gräben versehen, und in der Regel mit klein geschlagenen Steinen, wie sie die Umgegend lieferte, oder in der Nähe des Rheins mit Kies überfahren. Nur an den Bergabhängen und in sumpfigem Terrain waren sie gepflastert.

An den größeren Straßen standen Meilensteine, welche die Entfernung von dem nächsten größeren Orte angaben. Diese war anfangs nach römischen Meilen, beiläufig seit dem Jahre 200 nach Christi Geburt aber nach gallischen Leugen berechnet, von denen jede 1½ römische Meilen oder 1500 römische Schritte groß war. Nach genauen Messungen, welche in Frankreich vorgenommen wurden, beträgt die Länge einer solchen Leuge nach heutigem Maaß 2218½ Meter, oder nicht ganz ⅝ Poststunden.

Eine Eigenthümlichkeit der größeren Straßen waren die Poststationen (mutationes), d. h. Gebäude, wo umgespannt wurde, und daher Pferde, Maulthiere und Wägen in Bereitschaft standen. In bevölkerten Gegenden befanden sich diese Poststationen ohne Zweifel in Ortschaften und nur, wo es an solchen Orten fehlte, waren für diesen Zweck isolirte, jedoch zur Vertheidigung eingerichtete Gebäude vorhanden.

Zu diesen Konsular- oder Militärstraßen scheinen in der Pfalz nur zwei gehört zu haben, welche beide von Süden nach Norden führten, nämlich die eigentliche Rheinstraße von Strasburg über Lauterburg, Speier und Worms nach Mainz, und die Gebirgsstraße über Landau und Neustadt nach Alzei und Bingen.

Bei den Vicinalstraßen fanden vorstehende Regeln nicht unbedingt Anwendung. Sie folgten häufig dem Laufe der Gewässer und waren nur im Gebirge hie und da durch Burgen geschützt. Meilensteine hat man an ihnen noch nicht vorgefunden. Ihre Zahl muß in der Pfalz überaus groß gewesen sein, denn Spuren von Straßen werden an so vielen Orten angetroffen, daß die Schwierigkeit eigentlich nur in der Aneinanderreihung der einzelnen Bruchstücke besteht.

3. Feste Plätze.

Wenn wir die Anstalten, welche die Römer trafen, um sich im Besitze des eroberten Landes zu behaupten, richtig beurtheilen wollen, so müssen wir zwei, wesentlich verschiedene Perioden unterscheiden: die eine, wo die Römer die unbestrittenen Herren des Landes waren, und sich höchstens nur gegen die Empörungen der Eingebornen zu schützen hatten, und die andere, wo ihre Herrschaft durch die Deutschen von der rechten Rheinseite her schon bedroht war, und sie sich darauf beschränken mußten, das linke Rheinufer als die Vormauer Galliens gegen die Feinde zu vertheidigen.

In der ersten Periode geschah ohne Zweifel für die Vertheidigung nur sehr wenig. Die schon vorhandenen keltischen Ansiedelungen, wie Strasburg, Brumat, Speier, Worms und Mainz wurden mit Mauern umgeben und mit Garnisonen belegt, und an geeigneten Orten neue Städte gebaut, welche zwar in der Hauptsache eine bürgerliche Bevölkerung, daneben aber auch eine Garnison hatten.

Da die Römer damals ihre Eroberungen in Deutschland fortsetzten, so legten sie besondern Werth auf gesicherte Rheinübergänge, mittelst deren sie zu jeder Zeit Truppen vom linken auf das rechte Rheinufer bringen konnten. Diese Uebergänge waren auf dem jenseitigen Ufer des Flusses durch Kastelle oder Brückenköpfe gedeckt. Derartige Kastelle befanden sich zu Rastatt, Neuburg (welches früher auf der rechten Rheinseite lag), zu Eggenstein, Graben, Philippsburg, Eicholzheim (dem heutigen Rennershof bei Mannheim), und im Hof Stein (ehemals Zullestein) bei Worms.

Eine völlige Umwandlung in diesem Befestigungssystem trat ein, als durch das Andrängen der deutschen Völkerschaften von der rechten Rheinseite her die Römer genöthigt wurden, statt weiterer Eroberungen, auf ihre eigene Vertheidigung bedacht zu sein. Dieses war beiläufig seit dem Jahre 250 der Fall. Ihre Aufgabe war nun eine doppelte: einmal mußten sie dem Feinde den Uebergang über den Rhein zu verwehren und sodann für den Fall, als der Rhein nicht mehr behauptet werden konnte, wenigstens dem weiteren Vorbringen des Feindes in das Innere von Gallien vorzubeugen suchen.

Zur Vertheidigung des Rheins und der Rheinebene begann zuerst Kaiser Gallienus [259—268] zwischen den schon vorhandenen größeren Städten kleinere Festungen anzulegen. Wir rechnen zu diesen die heutigen Orte Hagenbach, Leimersheim, Hördt, Germersheim u. s. w. Zum Schutze derselben dienten Truppencorps, welche in verschanzten Lagern längs der großen Militärstraße von Strasburg nach Mainz standen. Solche Lager finden sich noch im Bienwalde vor, auch Rheinzabern scheint in diese Klasse zu gehören; denn da dieser Ort nicht mit Mauern, sondern nur mit Wall und Graben befestigt war, so ist es nicht wahrscheinlich, daß er schon aus der ersten Periode der Römerherrschaft stammt.

Kaiser Constantin I. [306—323] schlug zur Vertheidigung der Rheinlinie einen andern Weg ein; er hielt, um feindliche Uebergänge zu verhindern, eine wohlausgerüstete Flotte auf dem Rhein. Zu ihrem Schutze dienten zwei Häfen, über deren Lage jedoch nichts Zuverlässiges bekannt ist. Man vermuthet nur, daß der eine bei Speier, der andere aber bei dem Dorfe Pforz bei Neuburg lag, weil der Namen dieses Ortes offenbar von Portus abgeleitet ist.

Am thätigsten in den Maßregeln zur Vertheidigung des Rheins war der Kaiser Valentinian I. Während der Jahre 368—374 verweilte er selbst in unserer Gegend, um die großartigen Arbeiten zu leiten, die zur Abwehrung der Deutschen bestimmt waren.[1] Er baute im feindlichen Gebiete die starke Festung Ladenburg, gab dem Neckar einen neuen Lauf, dämmte den Rhein ein, und verstärkte die Flotte und die Kastelle zu beiden Seiten des Flusses. Alle seine Anstalten vermochten jedoch nur auf kurze Zeit den siegreichen Einfällen der Deutschen ein Ziel zu setzen.

Gleichzeitig mit diesen Vertheidigungsanstalten für die Rheinebene wurden auch umfassende Vorkehrungen getroffen, um in dem Gebirge den Weg nach Gallien zu vertheidigen. Dieses geschah durch Vermehrung der Kastelle. Die Römer wählten dazu von der Natur gesicherte Plätze, wie hohe Berge und felsige Abhänge, und gaben ihnen Vertheidiger, welche darin zu wohnen hatten, aber zu sonstigen Kriegsdiensten nicht verpflichtet waren. Schon die Römer nannten solche Kastelle Burgen (burgi), und deren

Vertheidiger Burgmänner (burgarii). Diese Burgen dienten nicht nur zum Schutze und zur Ueberwachung der vorbeiführenden Straßen, sondern auch als Zufluchtsorte für die in der Nähe ansässige Bevölkerung.

Zu dem römischen Befestigungssystem gehörten auch die Wart- oder Leuchtthürme. Sie standen in der Regel einzeln auf Bergen oder Anhöhen, von denen aus man einen weiten Umblick hatte, und namentlich andere Wartthürme sehen konnte, und dienten dazu, bei drohender Gefahr auf eine größere Entfernung Signale zu geben. Dieses geschah bei Tage durch Rauch, in der Nacht durch Feuer, dessen Schein, wie noch heutzutage bei den Leuchtthürmen am Meere, durch angebrachte Spiegel erhöht wurde. Die Römer nannten daher solche Wartthürme specula oder Spiegelthürme.

Ohne Zweifel gab es schon in der ersten Periode einzelne solcher Wartthürme. In der zweiten Periode dagegen, wo die Einfälle der Deutschen immer häufiger wurden, scheint ihre Zahl bedeutend vermehrt worden zu sein, denn die Orte, welche durch ihre Namen daran erinnern, sind in der Pfalz außerordentlich zahlreich. Vermuthlich waren sie aber in dieser Periode nicht mehr von Stein, sondern nur von Holz gebaut, und hatten auch nur einen vorübergehenden Zweck.

B. Bürgerliche Verhältnisse.

1. Städte, Flecken und Höfe.

Die bürgerlichen Niederlassungen bestanden zur Zeit der Römer in Städten, Flecken und Einzelhöfen.

Die römischen Städte waren zweierlei Art: solche, welche die Römer bei der Besitznahme des Landes bereits vorfanden, und solche, welche sie selbst anlegten. Zu den ersten gehört in dem Umkreise der heutigen Pfalz nur Speier und vielleicht auch Jockgrim, dessen Namen nach Mone keltisch ist. Sie wurden von den Römern nur mit Mauern umgeben, behielten aber im Uebrigen ihre alte Form und Bauart bei.

Die zweite Klasse von Städten bildeten jene, welche die Römer selbst anlegten. Dieses geschah seit Kaiser Alexander Severus [222—235]. Sie hatten, wie viele Beispiele in Frankreich beweisen, eine möglichst viereckige Form, und im Innern Parallelstraßen, welche sich im rechten Winkel kreuzten. Ihre Befestigung bestand in Mauern und Thürmen, deren innere Seite zum Theil offen war. Eine Eigenthümlichkeit dieser Städte ist, daß sie eine Burg (praetorium) enthielten, welche aber nicht, wie das praetorium in den Lagern, die Mitte, sondern eine Ecke des Quadrats einnahm, und von der Stadt selbst durch einen Graben, oder durch eine Mauer und einen freien Raum geschieden war.

Wir rechnen in der Pfalz zu dieser Klasse von Städten die Orte Deidesheim, Lambsheim, Bergzabern, Hornbach, Kaiserslautern und Zweibrücken, vielleicht auch Oggersheim und Homburg. Da wir indessen voraussehen, daß diese Ansicht Widerspruch finden wird, so müssen wir zu ihrer Rechtfertigung etwas weiter ausholen.

Der erste Grund, welcher für den römischen Ursprung dieser Orte spricht, ist ihr frühes Vorkommen als Städte, d. h. als mit Mauern umgebene Orte. Alle erscheinen in der Geschichte mit einem Male in dieser Eigenschaft, ohne daß man weiß, zu welcher Zeit, und von wem sie ihre Mauern erhalten haben. Daß die meisten derselben erst von Kaiser Rudolph von Habsburg mit Stadtrechten versehen worden sind, beweist keineswegs ihren neueren Ursprung, denn diese Stadtrechte waren nur politische Rechte. So war Kaiserslautern schon längst eine Stadt, als es 1276 Stadtrechte erhielt.

Der zweite Grund liegt in der Form dieser Orte; alle bilden nach römischer Vorschrift Quadrate, und hatten im Innern Burgen. Diese letztern sind, wie oben bemerkt, nichts anderes, als die römischen Prätorien, welche unter den ersten fränkischen Königen als Staatsgut eingezogen und unter den Karolingern Königspfalzen (palatia regia, villae oder curtes regiae) genannt wurden. In Bergzabern, Deidesheim und Kaiserslautern nahmen diese Burgen, genau nach römischem Muster, eine Ecke des Quadrats ein; in den übrigen Orten ist ihre Lage nicht mehr bekannt.

Endlich kömmt in Betracht, daß die meisten dieser Orte an

entschieden römischen Straßen liegen, und einige davon so genau in der Richtung derselben gebaut sind, daß man ihre gleichzeitige Anlegung annehmen muß. Am auffallendsten ist dieses bei Lambsheim der Fall, dessen Richtung genau auf Worms deutet.

Außer den Städten gab es bei den Römern auch Flecken. Sie hatten die Form der Feldlager, d. h. sie bestanden aus Vierecken, in welchen sich zwei oder mehrere Straßen kreuzten. An der Kreuzung der beiden Hauptstraßen befand sich ein kleiner freier Platz, wo das Prätorium, später das Rathhaus, stand. Um das Ganze war ein Graben mit einem Walle gezogen, der mit hölzernem Gitterwerk oder Pallisaden geschützt war. Den Raum zwischen dem Walle und den Häusern füllten die Baumgärten aus.

Diese Einrichtung hat sich noch in mehreren Dörfern erhalten. Als Beispiel mag uns das Dorf Albisheim an der Pfrim dienen. Dasselbe war mit einem Graben umgeben, der, ehe in späterer Zeit die Kirche mit in das Dorf gezogen wurde, ein regelmäßiges Viereck mit abgerundeten Ecken bildete. Die beiden Hauptstraßen, welche von Süden nach Norden und von Westen nach Osten laufen, treffen noch gegenwärtig auf einem kleinen Platze zusammen, wo das Rathhaus steht. Die von diesem Mittelpunkte nach Osten führende Straße heißt nach römischer Gewohnheit die Ostergasse, jene nach Westen hieß wahrscheinlich die Westergasse, obgleich dieser Namen später einer am westlichen Ende des Dorfes von Süden nach Norden führenden Seitenstraße, dem heutigen Mühlgäßchen, gegeben wurde.

Die Zahl der Flecken war in der Pfalz zur Zeit der Römer wahrscheinlich nicht unbedeutend. Wir vermuthen nämlich, daß die meisten Orte, welche im Mittelalter mit Wall und Graben umgeben waren, aus solchen römischen Flecken entstanden sind. Einige derselben mögen allerdings erst während der Zeiten des Faustrechts sich auf diese Weise gegen Ueberfälle zu schützen gesucht haben, allein die Mehrzahl hat diese Befestigungen sicher schon aus der Römerzeit mit herübergebracht. Wir schließen dieses aus dem Umstande, daß die meisten schon in der frühesten Zeit als Sitze von Pfarreien, oder in sonstiger Weise als bedeutendere Orte vorkommen. Wir wollen deßhalb, um wenigstens weitere Prüfungen zu veranlassen, alle jene Orte der Pfalz, welche im Mittelalter Wall und Graben hatten, alphabetisch hier anführen; es sind: Albisheim, Alsenz, Altenglan, Bissersheim, Groß- und Kleinbockenheim, Dahn, Dirmstein, Ebernburg, Freinsheim, Gobramstein, Großniedesheim, Hagenbach, Heuchelheim bei Frankenthal, Kindenheim, Kirrweiler, Kusel, Landstuhl, Medelsheim, Minfeld, Münchweiler am Glan, Musbach, Mutterstadt, Obermoschel, Obenbach am Glan, Oggersheim, Rockenhausen, Sausenheim, Weisenheim a. S. und Winnweiler.

Dörfer in unserem Sinne des Wortes, d. h. offene Zusammensiedelungen von Landbauern, scheinen zur Zeit der Römer nicht vorhanden gewesen zu sein; dagegen gab es zahlreiche Meier- oder Einzelhöfe, größtentheils aus Ansiedelungen von Veteranen hervorgegangen; denn wer eine gewisse Zeit lang in dem Heere gedient hatte, war bei den Römern berechtigt, eine gewisse Fläche Landes als Belohnung zu verlangen. Diese Einzelhöfe waren, wie die in ungewöhnlich großer Zahl vorkommenden Spuren nachweisen, im Gebirge und im Westrich so häufig, daß man zu der Annahme berechtigt ist, der Ackerbau sei dort nur von solchen Einzelhöfen aus betrieben worden.

2. Landwirthschaft.

Unser heutiger Acker- und Weinbau stammt in der Hauptsache von den Römern her. Man erkennt dieses nicht nur aus der Uebereinstimmung mit den Vorschriften, welche die römischen Lehrer der Landwirthschaft gaben, sondern auch aus den Namen vieler Pflanzen und Geräthschaften, welche aus dem Lateinischen abgeleitet sind. Wer sich darüber genauere Kenntniß verschaffen will, wird sie in Mone (Urgeschichte des badischen Landes) finden.

Für unsern Zweck hat nur die Eintheilung des Landes in Gemarkungen Interesse, weil noch so vielfache Spuren darauf hinweisen, daß wir die Möglichkeit nicht bezweifeln, noch jetzt einige solcher ursprünglichen Gemarkungen ermitteln zu können.

Da die Römer als Eroberer in das Land kamen, und den

Eingebornen gegenüber keine Rücksichten zu beobachten hatten, so wurden die Gemarkungen der neu angelegten Flecken ganz nach den römischen Vorschriften gebildet. Darnach bestand jede Gemarkung, wenn das Land eben war, und keine örtlichen Hindernisse obwalteten, aus einem von Straßen oder anderen natürlichen Linien begränzten Viereck, dessen Mitte der Flecken einnahm. Die Gemarkung war, wie der Flecken selbst, durch zwei sich kreuzende Feldwege, von denen der von Süden nach Norden führende cardo, der von Osten nach Westen führende aber decumanus hieß, in vier große Quadrate zerlegt, welche durch Parallelwege wieder in kleinere Quadrate zerfielen. Sowohl die letzteren als die einzelnen Grundstücke waren abgesteint. Die Römer nahmen dazu gerne Steine einer fremden Gebirgsart und legten darunter, wie es noch jetzt üblich ist, in einer bestimmten Reihenfolge Kohlen, Sand, Scherben und Kalk.

An diese ursprüngliche Eintheilung des Landes erinnern noch viele Benennungen. Wir wollen einige davon erläutern, weil sie vielleicht zu weiteren Forschungen Veranlassung geben.

Die Römer nannten die beiden Hauptfeldwege, den cardo und den decumanus, auch itinera populi. Die Deutschen übersetzten aber dieses mit Dietweg, weil in der altdeutschen Sprache das Volk Diet heißt. Allein allmählig wurde die Bedeutung dieses Wortes vergessen und der Namen Dietweg in Diebweg oder Diebsweg umgewandelt. Wir haben in der Pfalz mehrere solcher Diebswege; so in den Gemarkungen von Kirrweiler und Herxheim bei Landau, ferner bei dem Heierhofe bei Albisheim, und auch bei Nußdorf wird 1472 ein Diepweg genannt.

Die Deutschen nannten die einzelnen Quadrate einer Gemarkung häufig nach ihrer Lage. Daher die zahlreichen Namen von Gewannen, welche auf Osten oder Westen Bezug haben. Wir haben einen Osterberg und Osterwiesen bei Oberhochstadt und Essingen, einen Osterpfad bei Dammheim, einen Osterbrunnen zu Niederkirchen bei Deidesheim, einen Osteracker bei Gleiszellen (in einer Urkunde vom Jahre 1268), einen Osterberg zwischen Einselthum und Stetten, ferner eine Westergewann unterhalb Immesheim, sowie bei Winzingen. Sollten sich in einer Gegend beide

Benennungen vorfinden, so würde sich dadurch auch der römische Hauptort ermitteln lassen. Allem Anscheine nach waren jedoch die römischen Gemarkungen weit größer, als die Gemarkungen der heutigen Dörfer.

---

3. Entwässerungsanstalten.

In der vordern Pfalz muß es in den ältesten Zeiten ausgedehnte Sümpfe gegeben haben, weil die Bäche von da an, wo sie aus dem Gebirge treten, bis an den Rand des ehemaligen Hochufers des Rheins nur ein sehr geringes Gefälle haben. Die bedeutendsten dieser Sümpfe waren jene längs des Speier- und Rehbachs, und jene an der Queich.

Schon in der ältesten Zeit, vermuthlich schon vor der Eroberung durch die Römer, war man daher bedacht, das Land trocken zu legen. Dieses geschah zunächst durch tiefe Einschnitte, welche man am Ausgange dieser Sümpfe in das Hochufer des Rheins machte. So wurde für den von Bergzabern kommenden Erlenbach bei der Wanzenheimer Mühle unweit Rheinzabern ein Kanal gegraben, welcher jetzt die Teufelskehle heißt. Zur Entwässerung des Terrains an der Queich scheinen zwei Kanäle bestimmt gewesen zu sein, der eine, welcher noch jetzt das Bett der Queich bildet, und der andere, welcher bei der Lochmühle, unweit Lingenfeld, gegenwärtig bis „Druslach in den Rhein leitet. Auch für die Entwässerung der Sümpfe am Speierbache dienten wahrscheinlich zwei Kanäle, der eine, heutzutage der Woogbach genannt, welcher dicht bei Speier in den Rhein mündet, und der heutige Floßkanal, welcher einen Theil des Wassers des Speierbachs in die Stadt Speier selbst leitet.

Betrachtet man diese Abflüsse an Ort und Stelle, so überzeugt man sich leicht, daß sie nicht von der Natur gebildet sein können. Die Bäche müßten förmliche Flüsse gewesen sein, wenn sie das Hochufer des Rheins in einer solchen Tiefe und Breite hätten durchbrechen können, wie es z. B. bei der Druslach der Fall ist. Auch läßt der Name Teufelskehl keinen Zweifel übrig, daß man schon in den ältesten Zeiten den Abfluß des Erlenbachs nicht als einen natürlichen, sondern als ein Werk des Teufels betrachtete.

Wir haben oben auch den sogenannten Floßkanal, welcher oberhalb Hanhofen beginnt und durch die Stadt Speier fließt, den ältesten Entwässerungsanstalten beigezählt, obgleich uns nicht unbekannt ist, daß man seine Anlegung dem Bischofe Rüdiger, welcher von 1073—1090 den Bischofsstuhl in Speier inne hatte, zuzuschreiben pflegt. Was uns zu der obigen Annahme bestimmt, ist allein der Umstand, daß ohne diesen Kanal Speier, der bedeutendste Ort zur Zeit der Kelten und Römer, ohne ein fließendes Wasser gewesen wäre.

Außer diesen Hauptabzugskanälen gab es in den ältesten Zeiten auch kleinere, mit beschränkteren Zwecken. Die Deutschen nannten sie gewöhnlich Landgräben, seltener Heiden- oder Teufelsgräben. Ein Heidengraben besteht z. B. bei Hanhofen, sodann unterhalb Bergzabern, ein Teufelsgraben aber wird 1420 in der Nähe von Oberhochstadt erwähnt. Auch der Böhlgraben, welcher zur Entwässerung der Niederungen zwischen Schifferstadt und Dannstadt dient, scheint unter diese uralten Kanäle zu gehören, denn er kömmt schon im Jahre 1209 vor, also zu einer Zeit, wo das Land noch nicht den Werth hatte, um Entwässerungsanstalten in größerem Umfange zu lohnen.

Bei den Landgräben, wie auch bei dem Speirer Floßkanal, kam es nicht selten vor, daß sie über niedriger gelegenes Land führten, und daher höher gehalten werden mußten. Damit nun das nebenliegende Land dadurch nicht versumpft werde, führten die Römer tiefere Abzugsgräben unter den Kanälen durch. Dieses geschah durch flache Dohlen, welche durch ihren aus dem lateinischen Worte tholus abgeleiteten Namen zu erkennen geben, daß diese Einrichtung von den Römern zu uns herüberkam. Eine solche Dohle, jetzt die Zwölfmannsdohle genannt, führt in der Nähe von Dudenhofen unter dem Floßkanale durch. Da in Baden ähnliche Wasserbauten von unzweifelhaft römischem Ursprunge vorhanden sind, so dürfen wir nicht zweifeln, daß auch unsere Dohlen aus der Römerzeit stammen.

Drittes Kapitel.

Regeln zur Erforschung der römischen Straßen und Niederlassungen.

I. Quellen.

a. Römische.

Das linke Rheinufer war zur Zeit der Römer keine Wildniß mehr, sondern ein wohlangebautes Land mit zahlreichen Ortschaften und Verbindungswegen; allein es bildete einen zu unbedeutenden Theil des großen römischen Reiches, als daß darüber viel geschrieben worden wäre. Eine nur einigermaßen genaue Beschreibung desselben ist nicht vorhanden, und selbst die Nachrichten, welche wir gelegentlich bei einigen römischen Schriftstellern finden, sind so spärlich und widersprechend, daß wir uns in der Hauptsache auf Vermuthungen beschränkt sehen. Indessen müssen wir doch die noch vorhandenen Hauptquellen genauer betrachten, da öfters darauf Bezug genommen wird.

Die erste ist die **Tabula Theodosiana**, oder nach ihrem früheren Besitzer die Peutinger'sche Karte genannt; sie besteht in einer Art Straßenkarte und enthält die Militärstraßen mit Angabe der auf ihnen gelegenen Hauptorte und der Entfernungen derselben von einander in gallischen Leugen berechnet. Auf ihr fehlen daher alle sonstigen Straßen, ferner die Flüsse und Gränzen der Provinzen, sowie nicht nur alle kleineren, sondern auch die von den Straßen entlegenen größeren Orte. Im Umfange der heutigen Pfalz ist darin nur die Straße von Mainz nach Straßburg mit folgenden Zwischenorten und Entfernungen bezeichnet.

Magonciaco (Mainz) nach	
Bonconica (Oppenheim)	8 Leugen
Borbetomagus (Worms)	11 „
Noviomagus (Neustadt oder Speier)	13 „
Tabernis (Rheinzabern)	12 „
Saletio (Selz)	11 „

Brocomagus (Brumat) 18 Leugen
Argentoratum (Straßburg) 7 „

Ein ähnliches Werk ist das sogenannte Itinerar des Antonin, welches, wie das erstere, wahrscheinlich aus der Zeit des Kaisers Caracalla [†217] stammt, und gleichfalls, jedoch nicht in der Form einer Landkarte, die Hauptrouten mit Zwischenstationen und Entfernungen enthält. In ihm kommen zwei Straßen durch die Pfalz vor, die eine von Straßburg nach Mainz, und die andere von Straßburg nach Bingen. Die erstere wird sogar zweimal vorgetragen, einmal summarisch von Mainz nach Straßburg:

Magonciaco nach
Borbetomagus 18 Leugen
Noviomagus 18 „
Argentoratum 18 „

und sodann in umgekehrter Richtung mit mehr Zwischenorten, nämlich:

Argentoratum nach
Saletio 7 Leugen
Tabernæ 13 „
Noviomagus 11 „
Borbetomagus 14 „
Bonconica 18 „
Magonciacum 11 „

Die Straße von Straßburg nach Bingen dagegen enthält in dem Itinerar folgende Zwischenorte:

Argentoratum nach
Brocomagus 20 Leugen
Concordia 18 „
Noviomagus 20 „
Binginm 25 „

Das dritte Werk aus der Römerzeit ist die Notitia dignitatum imperii romani, eine Art von Militär-Adreßbuch, welches um das Jahr 400 gefertigt wurde, und für jede Provinz des römischen Reichs den Sitz der obersten Militärbehörden und der unter ihnen stehenden Kommandantschaften mit der Bezeichnung der Truppenabtheilungen enthält. Leider sind in diesem Werke einige für uns wichtige Kapitel, wie die unter den Obercommando's zu Straßburg und Trier stehenden Garnisonen ausgelassen; dagegen ist jenes von Mainz ausgefüllt. Nach ihm stehen nämlich unter dem Obercommandanten zu Mainz (dux Maguntiacensis) folgende Untercommandanten (praefecti):

Praef. militum	Pacensium	Saletio
„ „	Menapiorum	Tabernæ
„ „	Andereoianorum	Vicus Julius
„ „	Vindicum	Nemetia
„ „	Martensium	Alta ripa
„ „	secundæ Flaviæ	Vangiones.

Weitere, wenn auch dürftige Quellen sind Ptolemäus und der sogenannte Geograph von Ravenna. Der Erstere, welcher unter Kaiser Hadrian lebte, führt als Hauptorte der Provinz Oberdeutschland Obringa, Nemetum, Noviomagus und Rusiniana auf; der Letztere aber nennt nur einige Städte des linken Rheinufers, darunter Altripa, Sphira und Porca (Altrip, Speier und Pforz).

Alle diese Werke haben für uns nur geringe Bedeutung; denn die Entfernungen, welche sie angeben, sind einander zu widersprechend und zu ungenau, als daß man daraus Schlüsse ziehen könnte. Auch sind offenbar einige Namen verwechselt; so wird die Station Noviomagus nicht nur auf der Route von Straßburg nach Mainz, sondern auch auf jener von Straßburg nach Bingen genannt, die doch offenbar von jener verschieden war.

b. Quellen aus dem Mittelalter.

Die römischen Straßen waren noch während des ganzen Mittelalters die gewöhnlichen Verkehrswege; denn während der unruhigen Zeiten des Faustrechts und der Zersplitterung des Landes in unzählige kleine, von einander unabhängige Territorien dachte Niemand daran, neue Straßen anzulegen. Es ist daher auch für die Erforschung der römischen Straßen von Wichtigkeit, die im Mittelalter gebräuchlichen, jetzt großentheils verlassenen Straßen auszumitteln und zu verfolgen.

Die Hauptquellen für diese Untersuchung sind die alten Verhandlungen zwischen den einzelnen Landesherrn über das Geleitsrecht, d. h. über das Recht, die reisenden Kaufleute gegen eine gewisse Gebühr zum Schutze vor Ueberfällen durch Söldner begleiten zu lassen. Auf dieses Recht war man früher wegen der damit verbundenen Einnahmen sehr eifersüchtig; die Straßenstrecken, für welche es einer Herrschaft zustand, wurden daher jedesmal genau bezeichnet. Dieser Umstand gestattet uns, die Richtung der früheren Straßenzüge mit großer Sicherheit zu verfolgen.

Eine andere, nicht minder wichtige Quelle bilden die alten Landes- und Amtsbeschreibungen, welche gegen das Ende des 16. Jahrhunderts so zu sagen Mode geworden sind. Sie enthalten gewöhnlich auch die Gemarkungsgrenzen der einzelnen Gemeinden, und da in ihnen häufig Benennungen und Andeutungen vorkommen, welche auf römische Anlagen schließen lassen, so haben wir darin sehr werthvolle Anhaltspunkte für weitere Forschungen.

Die wichtigste unter diesen Beschreibungen ist für unsern Zweck Tilemann Stella's Beschreibung der beiden Aemter Zweibrücken und Kirkel vom Jahre 1564. Der Verfasser, Tilemann Stella aus Siegburg, war ein Geometer, und hat im Auftrage des Herzogs Johann I. von Zweibrücken dessen Land beschrieben. Er theilte dasselbe in sogenannte Hauptgründe, d. h. Hauptthäler, ein und bemerkte bei jedem Thale, welche Ortschaften und Höfe, eingegangene und noch bestehende, darin enthalten waren. Was dieses Werk, welches sich in einer Abschrift (Kreisarchiv zu Speier, Abth. Zweibrücken, fasc. 255) erhalten hat, besonders werthvoll macht, ist der Umstand, daß der Verfasser auf die Ueberreste der heidnischen Vorzeit sein besonderes Augenmerk gerichtet hat.

Weit unbedeutender, aber immer noch von Interesse sind die Beschreibungen, welche der kurpfälzische Forstmeister Vellmann im Jahre 1600 über den Reichswald, das Amt Rübelberg und das Gericht Waldfischbach, sowie der herzoglich zweibrückische Amtmann Hoffmann im Jahre 1585 über das Amt Lichtenberg gefertigt hat.

c. Neuere Literatur.

Ueber die römischen Alterthümer der Pfalz ist die Literatur äußerst dürftig. An einem Werke, welches sie systematisch behandelt, und sie in einem Zusammenhange zu bringen sucht, fehlt es zur Zeit gänzlich. Das Einzige, was in dieser Richtung geschah, besteht in der Bekanntmachung einzelner Funde, welche man zufällig für wichtig gehalten hat. Den Anfang damit machte in den 1780er Jahren die kurpfälzische Akademie zu Mannheim, indem sie die in einigen pfälzischen Orten gefundenen Alterthümer in ihren Denkschriften (Acta academiae Theodoro Palat.) bekannt machte. Darauf folgte eine längere Unterbrechung bis zum Eintritte der k. bayrischen Regierung. Der damalige Regierungs-Präsident und General-Commissär v. Stichaner, dessen Namen auch in dieser Beziehung für die Pfalz unvergeßlich sein sollte, nahm sich mit Liebe und Eifer dieser Sache an; er sammelte die gefundenen Alterthümer in einem Antiquarium zu Speier, und veröffentlichte sie in den Kreis-Intelligenzblättern der Jahre 1819—30. Diese Aufsätze bilden noch gegenwärtig die Hauptquelle für alle Forschungen auf diesem Gebiete. Einen Abdruck derselben hat Joh. Mich. König unter dem Titel: Beschreibung der römischen Denkmäler, welche seit dem Jahre 1818 bis zum Jahre 1830 im k. bayr. Rheinkreise entdeckt wurden, u. s. w. Kaiserslautern 1832 8. veranstaltet; da jedoch dieses Werkchen weniger verbreitet sein dürfte, als die Intelligenzblätter selbst, welche sich in jeder Gemeinderegistratur befinden, so haben wir es vorgezogen, jedesmal die letzteren anzuführen.

Die Pfalz hat auch einen historischen Verein gehabt, der sogar einige Hefte Jahresberichte herausgab; allein für die Topographie haben diese keinen Werth, da es den Leitern des Vereines mehr darum zu thun war, ihre Gelehrsamkeit in der Erklärung von Denkmälern zu zeigen, als den alten Verbindungen und Niederlassungen nachzuforschen.

Desto reicher ist die Literatur für die angrenzenden Länder. Für Baden hat Mone in seinem vortrefflichen Werke (Urgeschichte des badischen Landes) die wichtigsten römischen Punkte zusammengestellt. Dasselbe ist für das Elsaß von Morlet (Bulletin de la société pour la conservation des monumens historiques d'Alsace, tom. II.) geschehen, welcher seiner Abhandlung auch eine Uebersichtskarte des römischen Straßennetzes beigefügt hat. Für die k. preußische Rheinprovinz hat F. W. Schmidt diese Aufgabe gelöst, und in einer nach seinem Tode erschienenen Abhandlung nebst Uebersichtskarte, welche in den Jahrbüchern des Vereins von Alterthumsfreunden im Rheinlande (16. Jahrg. 1. Heft oder 31. Heft der Publikationen, Bonn 1861) abgedruckt ist, das ganze Straßennetz für das k. preuß. Gebiet festgestellt. Endlich ist die Umgebung von Saarbrücken und damit auch ein Theil des k. bayrischen Gebiets von Dr. Friedr. Schröter in den Mittheilungen des historisch-antiquarischen Vereins für die Städte Saarbrücken und St. Johann, 3 Abtheilungen, Saarbrücken 1846—1849, 8, erläutert worden.

2. Römische Straßen.

Daß sich nur an wenigen Orten sichtbare und unzweifelhafte Spuren von den alten Römerstraßen erhalten haben, darf uns nicht wundern, denn bis weit in das Mittelalter hinein, also über 1000 Jahre lang nach dem Ende der Römerherrschaft, waren die von ihnen hinterlassenen Straßen noch die einzigen des Landes. Alle Heereszüge, alle Handelsfuhrwerke bewegten sich auf ihnen, während für ihre Unterhaltung Niemand eine Hand rührte. Natürlich konnte auch der solideste Bau solchen Anforderungen auf die Dauer nicht widerstehen, und die ursprünglich mit großer Sorgfalt ausgeführten Straßen mußten allmählig so ausgefahren werden, daß man jetzt in der Regel von der alten Construction keine Spur mehr entdecken kann.

Wenn man daher den römischen Straßen nachforschen will, wird man am sichersten gehen, wenn man vorerst die Straßen aufsucht, welche im frühern Mittelalter den Verkehr auf größere Entfernungen vermittelten. Aber auch dieses ist keine leichte Aufgabe, weil aus jener Zeit keine Landkarten vorhanden sind. Man muß daher zu andern Quellen und sonstigen Kennzeichen seine Zuflucht nehmen. Als solche Quellen dienen die alten Vereinbarungen unter den einzelnen Landesherrn über das Geleitsrecht und über die Errichtung von Zollstätten. Als sonstige Kennzeichen aber kann man die steinernen Kreuze betrachten, welche der fromme Glauben unserer Voreltern zur Erinnerung an irgend einen Vorfall neben die Straßen setzte. Manche dieser Kreuze sind selbst verschwunden, aber der Namen hat sich wenigstens erhalten, wie St. Johanniskreuz zwischen Trippstadt und Elmstein, St. Lambertskreuz im Dürkheimer Walde, St. Bernhardskreuz u. s. w.

Nicht alle Römerstraßen blieben jedoch auch noch im Mittelalter im Gebrauche, vielmehr wurden manche ganz verlassen, entweder, weil die Orte, welche sie verbanden, ihre Bedeutung verloren hatten, oder weil man in den unruhigen Zeiten des Faustrechts den Umweg durch bewohnte Orte der geraden Richtung durch menschenleere Gegenden vorzog. Bezüglich dieser Straßen ist man daher beinahe nur auf die Namen beschränkt, welche ihnen vom Volke gegeben wurden und zum Theil noch gegeben werden. Wir wollen die wesentlichsten Regeln anführen, welche bei solchen Nachforschungen einen Anhaltspunkt geben.

1. Die Namen Heerstraße, Heerweg, Hert- oder auch Herrweg, Heidenweg, Burgweg, Hochstraße oder Straße überhaupt, wenn diese beiden Benennungen Feldwegen beigelegt sind, beweisen den römischen Ursprung der fraglichen Straße. Ebenso ist Steinweg oder Steinstraße (im Latein des Mittelalters plates) nur der deutsche Ausdruck für eine gepflasterte römische Straße. Ob die Namen Heerstraße und Heerweg gleichbedeutend seien, oder ob nicht vielmehr jener eine römische Militär-, dieser aber nur eine gewöhnliche Verbindungsstraße andeute, bedarf noch einer nähern Untersuchung. In der Gegend bei Bonn am Niederrhein will man wenigstens die Bemerkung gemacht haben, daß die von Süden nach Norden gehenden Römerstraßen Heerstraßen, jene von Osten nach Westen aber Heerwege genannt werden.

2. Die Namen Frankenstraße und Königsweg, welche hie und da vorkommen, scheinen gleichfalls Straßen zu bedeuten, deren Ursprung man im Mittelalter nicht mehr kannte, die daher noch

aus der Römerzeit stammen dürften. Auch diese Frage bedarf noch einer näheren Prüfung. Eine Frankenstraße wird 1299 bei Heiligenstein genannt; ob damit aber die große Römerstraße von Lauterburg nach Speier gemeint sei, bleibt dahingestellt. Eine andere Frankenstraße bildete nach der Banngränzbeschreibung vom Jahre 1732 die Gränze zwischen der Grafschaft Falkenstein und dem Dorfe Kriegsfeld. Ein Königsweg (Kunigesweg) aber wird 1301 bei Mörzheim und 1345 bei Ilbesheim bei Landau erwähnt, und eine Königsstraße kömmt im alten Weisthum von Baalborn vor.

3. Wege, welche auf längere Strecken die Gränze früherer Herrschaften oder auch verschiedener Gemeinden bilden, sind häufig Reste römischer Straßen, besonders, wenn sie auf der Wasserscheide von Berg- oder Hügelketten hinlaufen, weil man sowohl bei den Römern als im Mittelalter solche natürliche, auch ohne Absteinung sichtbare Grenzen liebte. Die Deutschen nannten solche Wege oft Rainstraßen oder Rainwege, woraus allmählig, weil man die Bedeutung von Rain als Gränze vergessen hatte, Rennstraße oder Rennweg gemacht wurde. In dem benachbarten k. preußischen Gebiete befinden sich noch mehrere solcher Rennwege, deren römischer Ursprung nicht mehr zweifelhaft ist. Sollte daher dieser Ausdruck auch bei uns vorkommen, so wird er gleichfalls auf römische Anlage zu beziehen sein.

4. Brücken, welche sehr frühzeitig erwähnt werden, begründen die Vermuthung, daß sie noch aus der Römerzeit herrühren und für eine Straße dienten; denn es dauerte sehr lange, bis man bei uns selbst an den Bau von Brücken, namentlich von steinernen, dachte. Manche Orte haben von solchen Brücken den Namen angenommen, beweisen also dadurch das hohe Alter derselben, wie Zweibrücken, Brücken am Glan, Olsbrücken an der Lauter, Alsenbrück an der Alsenz, Bliesbrücken (sowohl das im französischen Gebiete gelegene Dorf dieses Namens, als der heutige Bliesberger Hof bei Limbach), Ußbruck (ein jetzt unbekannter Ort des vormaligen Amtes Wolfstein) und Dusenbrücken an der Felsalb. Aber auch sonst kommen in alten Urkunden manche Brücken vor, welche vielleicht noch aus der Römerzeit herzuleiten sind. Wir wollen daher einige derselben aufzählen. So muß zwischen Kirch-

heim an der Eck und Kleinkarlbach eine steinerne Brücke vorhanden gewesen sein, weil nach dem alten Kleinkarlbacher Weisthum der Abt von Lungenfeld die Gemeinde „zu schützen hatte, „von der steinernen Brücke bis auf die Nesenach (Isenach)." Ferner war das Kloster Otterberg wegen einer Brücke über die Lauter bei dem Hirschhorner Hofe mit den benachbarten Gemeinden in einem Streit, welcher 1283 zu seinen Gunsten entschieden wurde. Andere, schon sehr frühe vorkommenden Brücken waren die sogenannte Dulmansbrücke über die Lauter, welche schon 1252 unter dem Namen Dubimannes-Brücke erwähnt wird, und die Meigelenbrücke (wahrscheinlich Michel- d. h. die große Brücke), welche in einer Gränzbeschreibung des Rodalber Hofs, südlich von Pirmasens, vom Jahr 1196 vorkömmt, und vermuthlich mit der steinernen Brücke an der langen Kehle identisch ist, ferner die Salzbrücke, welche 1196 als Gränzpunkt der Herrschaft Bitsch genannt wird und ohne Zweifel bei dem heutigen Hofe Salzwoog unweit Lemberg lag, sodann die Herrenbrücke an der Gränze zwischen der Kloster-Otterberger Waldmarke und den Gemeinden Höringen und Potzbach, die Strauch- oder Strauchbrücke in der Nähe von Alsenbrück und Imsbach, die Brücke am Zusammenfluß des Speier- und Hochspeierbachs, welche in der Gränzbeschreibung des Bezirks des Klosters St. Lambrecht vom Jahre 977 genannt wird, und die Ratzenbrücke, welche in der Gränzbeschreibung der Herrschaft Frankenstein vom Jahre 1426 vorkömmt und vermuthlich dieselbe Steinbrücke ist, welche der Burgfriedensbrief von Frankenstein vom Jahre 1416 erwähnt.

5. Bei Straßen von geringerer Bedeutung scheinen schon zur Zeit der Römer statt der Brücken nur Furthen üblich gewesen zu sein. Bei Fürth im Ofterthale und bei Remmesfürth im k. preußischen Gebiete ist nachgewiesen, daß eine Römerstraße über den Oster- und Schönbach ging. Man wird daher auch bei uns aus solchen alten Furthen, namentlich wenn sie im Mittelalter zugleich Gränzen ganzer Territorien bildeten, auf römische Straßen schließen dürfen. Manche Orte haben von Furthen den Namen angenommen, wie Breitfurth an der Blies, Eselsfürth bei Kaiserslautern und die zahlreichen Furthmühlen. Andere Furthen, welche noch in den Urkunden des Mittelalters vorkommen, sind jetzt verschollen. Da

sie jedoch für weitere Forschungen Fingerzeige geben können, so wollen wir die wichtigsten hervorheben. Es sind folgende:

a. Die Bartenfurth, welche unterhalb der Mohrer Mühle bei Waldmohr über den Glan führte. Nach dem Weisthum von Kaiserslautern vom Jahre 1417 reichte das Gebiet des Reichslandes bis an die Bartenfort, und nach dem Kübelberger Gerichtsweisthum ging die Gränze „die alte bach auffen unten an Barbarth die alte Furth, den alten weg auffen" u. f. w. Ebenso weist von der andern Seite das Kleinottweiler Weisthum vom Jahre 1551 bis „Bartfürer die alte Furth" und noch an einer anderen Stelle heißt dieser Platz: an der Barbehre Furth an der Barbara Strauß. Alle diese Stellen deuten auf eine bekannte, aber schon früh wieder verlassene (alte) Furth und Straße, und rechtfertigen den Wunsch, daß an Ort und Stelle nähere Untersuchungen über die mit dieser Furth in Verbindung stehende Straße gepflogen werden möchten.

b. In dem alten Queichhambacher Weisthum kömmt eine Wallesfort (wälsche Furth) vor, welche in oder bei dem Dorfe Albersweiler zu suchen ist.

c. Die ehemalige Steinfurt und Schaffurt bei Limbach. Das Kloster Werschmeiler hatte schon im Jahre 1199 einen Hof Steinwirb (vermuthlich falsche Lesart für Steinvurb) geschenkt erhalten, im Laufe der Zeit aber wieder verloren. Graf Johann von Nassau-Saarbrücken übergab ihm hierauf 1429 seinen Theil an einer Hofstatt, genannt Steinfurt, und die Schaffurt, gelegen oben an dem neuen Wog bei Limbach, und stoßend bis gen Eißweiler (Eischweiler Hof), deren andern Theil das Kloster bereits 1423 von Herzog Stephan von Zweibrücken geschenkt erhalten hatte. Dieser Hof Steinfurt, dessen Namen auf eine gepflasterte Furth hindeutet, ging wieder ein, seine Lage wird sich aber wohl noch ermitteln lassen.

d. Die Katzenfurt bei Queidersbach. Nach dem Weisthum dieser Gemeinde vom Jahre 1555 lief die Gränze von der Katzenfurt in die Gebelsbach.

6. Einen Fingerzeig für die Richtung alter Straßen geben auch bisweilen Namen von Gränzsteinen, solche namentlich, welche

vermuthen lassen, daß darunter römische Monumente zu verstehen seien. Wir wollen einige Beispiele anführen, um zu einer nähern Prüfung Veranlassung zu geben.

a. Ein Walddistrikt bei Oberbexbach hieß von jeher am steinernen Mann, von einem Stein mit dem Bilde des Hercules, welcher erst in der neueren Zeit von dort entfernt wurde. Dieselbe Benennung „am steinernen Mann" kömmt noch einige Male in der Pfalz vor, nämlich südlich vom Hermannsberge oder nördlich von Bosenbach, ferner zwischen Oberalben und Erdesbach, sodann bei Quirnbach und endlich zwischen Rothselberg und Kaulbach. Es ist zu vermuthen, daß an diesen Orten ähnliche Steinbilder vorhanden waren, oder vielleicht sogar noch vorhanden sind.

b. Nach dem Burgfrieden der Burg Wilenstein bei Trippstadt vom Jahre 1348 lief die Gränze von dem Hasselichten Born in die Herechtesbach, ferner in die Rabach, und die Selse wieder vor „bis mitten an näckeben man, heißt der Hitzstein," unten durch den Bach in das Waldmannsthal u. s. w. Der Hitzstein trug also das Bild eines nackten Mannes, vermuthlich eines Hercules. Ob derselbe vielleicht noch vorhanden ist, muß einer genaueren Untersuchung vorbehalten bleiben.

c. In der Gränzbeschreibung des Amtes Wallhalben vom Jahre 1531 kömmt ein „Gebilde Stein" vor, also vermuthlich ein Stein mit einem unbekannten Bilde. Die Gränze ging nämlich von Kirchenarnbach den Bach hinab bis zur Furth an der Mühle, sodann in die Waltersbach bis an den Buchborn, hinauf an die Straße, an den Wadt- oder Eckersborn und den Gebilde Stein.

d. Als im Jahre 1542 zwischen Kaiserslautern und Landstuhl die Gränze des pfälzischen und sickingischen Gebiets neu regulirt wurde, war der 8. Stein (zwischen dem Einsiedler Hofe und dem Ruppacher Schachen) „ein alter Stein in waidt, der wallische Stein genannt." Es war also vermuthlich ein Stein mit einer wälschen, d. h. lateinischen Inschrift, welcher vom Volke so benannt wurde.

e. Nach der Gränzbeschreibung der dem Kloster Otterberg gehörig gewesenen Waldmarke stand in der Neuwiese (in dem von Otterberg gegen die Otterspring ziehenden Thale) ein Stein „mit einem heidnischen Bildnisse, das aber zerschlagen, wofür ein neuer Stein mit zwei Abtstäben, scheidet Otterberger eigenen Wald und die Waldmarke."

f. Eine ähnliche Bewandtniß endlich mag es mit dem sogenannten breiten Steine in der Nähe von St. Ingbert gehabt haben. In einer Urkunde vom Jahre 1333 gaben nämlich Simon und Eberhard, Grafen von Zweibrucken-Bitsch ihrem Vetter Walram von Zweibrücken unter anderem das Geleite vom breiten Stein an bis nach St. Ingbert zurück.

---

3. Römische Kriegsplätze.

Wir haben oben erwähnt, daß die Hauptvertheidigungsanstalten der Römer in unserer Gegend in den befestigten Städten und in den Burgen bestanden, welche den Uebergang durch das Gebirge nach Gallien zu decken hatten. Zwar gab es auch befestigte Standlager, aber von diesen wird sich kaum eines, mit Ausnahme von Rheinzabern, mit Sicherheit nachweisen lassen. Die nach unserer Vermuthung römischen Städte haben wir bereits namhaft gemacht, es erübrigt daher nur, über die römischen Burgen einige Bemerkungen beizufügen.

Die Beantwortung der Frage, ob eine Burg römischen oder deutschen Ursprunges sei, ist sehr schwierig, weil die Burgen bei den Römern nicht, wie die Standlager, nach einem festen unabänderlichen Plan, sondern nach der Oertlichkeit angelegt waren. Selbst ihre Bauart, d. h. die Art der Ausführung des Baues, war in den verschiedenen Perioden ihrer Herrschaft verschieden. Da die römischen Burgen der Pfalz aus der spätesten Zeit stammen, weil sie bestimmt waren, Gallien vor den Einfällen der Deutschen zu schützen, so darf man bei ihnen die sorgfältige Ausführung des Baues, welche die erste Periode der Römerherrschaft bezeichnet und an einigen Burgen auf dem rechten Rheinufer beobachtet wird, nicht erwarten. Die Thürme dieser späteren Periode waren entweder rund oder viereckig, und hatten keine durchlaufenden, sondern nur auf der äußern und innern Seite Quadersteine, der Raum zwischen beiden aber war mit unregelmäßigen Bruchsteinen und Mörtel (Gußmauerwerk) ausgefüllt. Da indessen diese Bauart auch in der deutschen Zeit üblich blieb, so bildet sie kein sicheres Kennzeichen für römische Bauten.

Festere Anhaltspunkte als der äußere Anschein, gewährt in vielen Fällen die Geschichte. Wir glauben nämlich nicht zu irren, wenn wir annehmen, daß alle Burgen, welche im früheren Mittelalter als Reichsburgen oder als Reichslehen vorkommen, in der heutigen Pfalz also die Burgen Trifels, Neucastel, Falkenburg, Guttenberg, Landeck, Wegelnburg, Germersheim, Alt-Wolfstein, Kirkel, Homburg, Landstuhl, Falkenstein, Lindelbrunn, Hoheneck und vielleicht einige andere, ursprünglich römische Burgen waren. Um diese Vermuthung zu rechtfertigen, müssen wir auf die älteste Zeit zurückgehen. Als die Franken, nicht ganz 100 Jahre nach der Beendigung der Römerherrschaft, das linke Rheinufer in Besitz genommen hatten, schritten sie zu einer Vertheilung des noch vorhandenen römischen Staats- und Privateigenthums. Die römischen Kriegsbauten aller Art wurden für Krondomänen erklärt, die Privatbesitzungen aber verdienten Franken verliehen, deren Nachkommen davon den Namen annahmen, und den im 11. und 12. Jahrhundert so überaus zahlreichen niedern Adel bildeten. Von den Kriegsbauten wurden die Kastelle in der Ebene und die Burgen in den Städten, welche beide in der ersten Zeit Königspfalzen (palatium, curtis oder villa regia) hießen, schon sehr frühe, weil sie für die Vertheidigung keinen Werth hatten, an Kirchen und edle Geschlechter verliehen, die eigentlichen Burgen dagegen, welche zur Vertheidigung des Landes dienten, blieben Reichsburgen, oder wurden Grafengeschlechtern verliehen, welche sie im Namen des Reichs besaßen und zu hüten hatten. Von den Kastellen der Ebene, welche, wie erwähnt, schon sehr frühe in den Privatbesitz gekommen waren, wurden manche wieder in vertheidigungsfähigen Zustand gesetzt; aus ihnen entstanden die Ritterburgen, welche wir in der Rheinebene an Orten vorfinden, welche für den Bau von Burgen keine natürlichen Vortheile gewähren.

Auch aus den heutigen Namen von Bergen oder Fluren läßt sich häufig auf ehemalige römische Kriegsbauten schließen; indessen dürfen die Benennungen Heiden- oder Heidelsberg, Heidenschloß und ähnliche nicht unbedingt als Beweise römischer Kastelle dienen, denn allem Anscheine nach gaben die Deutschen auch den römischen Einzelhöfen solche Namen. Am häufigsten sind die Namen, welche auf römische Wartthürme hindeuten. Die Deutschen behielten nämlich für solche Orte bald das Wort Warte bei, und verbanden es höchstens mit Berg oder Burg, bald übersetzten sie buchstäblich das römische Wort speculā mit Spiegel, bald endlich gaben sie dem Orte einen Namen, der auf das Leuchten der Wartthürme Bezug hat.

In der Pfalz haben wir von allen drei Arten der Benennungen Beispiele. Wir erinnern nur an die zahlreichen Namen an der Warte, an der alten oder hohen Warte, und Wartenberg, ferner an die zwischen Germersheim und Rülzheim gelegen gewesene Burg Spiegelberg, und endlich an die Namen Leuchtenberg, Leuchthöhe, Lichtenberg, Lichtenkopf und Lichtenstein.

Ob der gleichfalls nicht selten vorkommende Namen Spielberg eine Zusammenziehung von Spiegelberg sei, ist noch zweifelhaft, weil er auch von dem altdeutschen Worte Spil, welches einen Gerichtsbezirk, überhaupt einen Bezirk (daher Kirchspiel) bedeutet, hergeleitet werden kann. Es gibt einen Spielberg bei Dürkheim, ferner einen Spielberg südlich von Meckenheim an der Straße nach Neustadt, endlich wird in alten Urkunden bei Hochdorf eine Spilburg und eine Spilgasse erwähnt.

Man würde irren, wollte man an allen diesen Orten bleibende aus Steinen erbaute Wartthürme annehmen. Vielmehr scheinen die Römer auf ihren Feldzügen je nach Bedarf solche Warten improvisirt zu haben; wenigstens fand man am Niederrhein noch Spuren von Wartthürmen, welche offenbar nur von Holz construirt waren, also nur einen vorübergehenden Zweck haben konnten.

4. Bürgerliche Niederlassungen.

a. Aeußere Kennzeichen.

Von den bürgerlichen Niederlassungen der Römer haben sich beinahe nirgends mehr augenscheinliche Ueberreste erhalten; die

Gebäude sind verschwunden, und nur hier und da werden noch Fundamente, behauene Steine, Ziegel oder Scherben ausgegraben, welche von ihrem frühern Dasein Zeugniß ablegen. Es ist daher von Wichtigkeit, aus den Umständen zu erkennen, ob man es mit Bauresten aus römischer oder deutscher Zeit zu thun hat.

Handelt es sich um das Fundament eines Gebäudes, so haben alle römischen Wohnhäuser ein gemeinschaftliches Kennzeichen, die unterirdische Heizung. Der Raum innerhalb der vier Fundamentmauern wurde zuerst mit einer aus Kalt und kleinen Kieselsteinen bestehenden Masse ausgegossen. Auf diese feste Unterlage kamen Reihen einzelner, aus runden oder viereckigen Ziegelplatten gebildeter Säulen zu stehen, auf denen große, hart gebrannte röthliche Ziegelplatten ruhten. Dieselben waren auf der oberen Seite gleichfalls mit einem Guß bedeckt, und bildeten den Fußboden der Wohnzimmer zu ebener Erde. Der beiläufig 2 Fuß hohe Raum zwischen dem untersten Guß und den großen Ziegelplatten diente zur Feuerung, welche von der Außenseite des Gebäudes mittelst eines schmalen Ganges besorgt wurde. Die Wärme wurde von hier mittelst viereckiger thönerner Röhren, welche in der Mitte ein verschließbares Loch hatten, in die Zimmer selbst geleitet.

Aller Wahrscheinlichkeit nach waren die Häuser nur ein Stockwerk hoch; nur das Erdgeschoß bestand aus Steinen, der obere Stock aber nur aus Holz oder Fachwerk. Das Dach war mit großen Ziegelplatten eingedeckt, welche am Rande umgebogen waren, und hier über einander gingen; über den First aber lief eine Reihe Hohlziegel. Wie für den Abzug des Rauches aus der unterirdischen Heizung und wie für die Beleuchtung der Zimmer gesorgt war, ist noch nicht hinreichend ermittelt.

Oekonomie-Gebäude hatten nur aus rauhen Bruchsteinen gebaute Grundmauern, auf welchen ein Bau von Holz oder Flechtwerk ruhte. Daher läßt sich die überaus große Menge von Asche erklären, welche man im innern Raume solcher Mauern zu finden pflegt.

Fehlt es an den erwähnten Kennzeichen der römischen Bauten, nämlich an den großen Ziegelplatten und Heizungsröhren, so ist die Entscheidung schon schwieriger. Man muß alsdann aus andern Umständen seine Schlußfolgerungen ziehen. In dieser Hinsicht dürften folgende Sätze als Anhaltspunkte bienen:

1. Isolirt im freien Felde stehende Brunnen rühren gewöhnlich von eingegangenen römischen Niederlassungen her. Den Beweis liefert der Brunnen bei Iggelheim, neben welchem das im Jahresberichte des historischen Vereins der Pfalz vom Jahre 1842 (Seite 43) beschriebene römische Monument gefunden wurde. Die römischen Brunnen hatten die Gestalt der noch jetzt auf dem Lande üblichen Ziehbrunnen; sie waren rund und oben durch steinerne Schaalen eingefaßt. Wenigstens hat der Heidenbrunnen bei Oberotterbach diese Form.

2. Behältnisse mit gelöschtem Kalk, sogenannte Kalklöcher, beweisen die Nähe römischer Gebäude. Die Römer verwendeten nämlich nur Kalk, welcher schon mehrere Jahre gelöscht war und eine zähe Beschaffenheit angenommen hatte. Er wurde daher schon im Voraus angemacht, und durch eine Lage von Sand vor dem Einflusse der Luft geschützt, bis er zur Verwendung kam.

3. Stücke von Basalt-Lava, wie sie in der Nähe von Andernach gebrochen wird, deuten gleichfalls auf die Nähe römischer Wohngebäude. Sie rühren nämlich von Handmühlen her, welche ein Bedürfniß jeder Haushaltung waren. Diese Lava ist ein schwarzer, sehr harter, aber so poröser Stein, daß man ihn für eine Schlacke zu halten versucht ist; in ihm finden sich in der Größe eines Nadelknopfs blaue oder olivenfarbige Krystalle (Hauin oder Olivin) eingesprengt. In der vorderen Pfalz werden solche Stücke von Handmühlen sehr häufig gefunden.

4. Wenn in einer Gegend, wo von der Existenz von Hochöfen nichts mehr bekannt ist, Eisenschlacken vorkommen, so spricht die Vermuthung dafür, daß sie noch von den Römern herrühren. Diese gewannen nämlich ihr Eisen nicht wie wir fabrikmäßig, b. h. mittelst größerer Vorrichtungen, sondern am Orte des Bedarfs einfach durch Schmelzen des Eisenerzes in Schmelztiegeln.

5. Schmidt hat in seinen Forschungen über die Römerstraßen in der preußischen Rheinprovinz die Bemerkung gemacht, daß da, wo die Landleute des Hunsrückens von alten Tempelherrenklöstern

sprachen, jedesmal römische Ruinen sich vorfanden. In dem Umfange der heutigen Pfalz hatte der Orden der Tempelherren mit eine Niederlassung; das sogenannte Haus zum See, welches unterhalb Kirchheim an der Eck lag. Sollten daher an einem andern Orte Sagen von Tempelherrnklöstern vorkommen, so wäre Veranlassung gegeben, nachzuforschen, ob nicht auch hier eine ähnliche Verwechselung obwaltet.

6. Besondere Erwähnung verdienen die aus Stein gehauenen Löwen, welche nicht nur in der Pfalz, sondern auch in den angränzenden Ländern nicht selten gefunden werden. In der Pfalz kommen diese Löwen bald einzeln, bald paarweise vor: einzeln in Bosenbach, paarweise auf dem Heidenkopfe bei Breitenbach, in Ginsweiler und in dem Districte Fröschweiler zwischen Haschbach und Steinbach. Ueber die Bedeutung derselben ist man noch nicht im Klaren; ein in Brumat im Elsaß gefundener Löwe war offenbar ein Grabmal, indem er mit der Hintertatze eine Graburne hielt. Dagegen scheinen die paarweise vorkommenden Löwen zur Zierde von Portalen zu Gebäuden bestimmt gewesen zu sein, denn von den beiden zu Ginsweiler gefundenen hat der eine den Kopf etwas nach rechts, der andere nach links gedreht. Allein, ob dieser Schmuck willkürlich war, oder nur gewissen Gebäuden zukam, ist schwieriger zu bestimmen. Schmidt erwähnt den Fund eines steinernen Löwen an einem Gebäude an der Argenbach, welches er für eine römische Poststation (mutatio) hielt. Der Schluß, den man daraus zu ziehen versucht wird, daß nämlich die Löwen eine Poststation andeuteten, hat einige Wahrscheinlichkeit für sich; wir vermuthen nämlich, daß die Burg Löwenstein bei Niedermöschel, welche aus einer römischen Poststation entstanden sein dürfte, von solchen Löwen den Namen erhalten hat.

---

6. Namen.

Wie bei den Straßen und Kriegsplätzen, so sind es auch hier die Namen, welche uns oft am sichersten leiten, wenn es sich um den römischen Ursprung eines Ortes handelt. Wir wollen daher die Hauptmomente, welche dabei zu beachten sind, kurz zusammenstellen.

1. Daß die Benennungen Heidenkopf, Heidenhübel, Heidenbrunnen, Heidenstock, Heidengarten u. s. w. die Existenz römischer Ansiedelungen, oder wenigstens deren Nähe andeuten, bedarf keiner Ausführung.

2. Orte, deren ursprünglicher Namen sich auf Statt oder Stadt endigt, wie Stetten, Schifferstadt, Dannstadt, Hochstetten u. s. w. sind unzweifelhaft römischen Ursprungs, wenn sie auch nicht immer (wie Mone vermuthet) von Militärstationen herrühren. Häufig ist die ursprüngliche Ortsbenennung nur Feldgewannen geblieben, wie z. B. das Wegstatter Feld, welches nach Vellmann in der Gemarkung des eingegangenen Dorfs Tiefenthal bei Schmalenberg lag. Nur wo die Endung Statt neueren Ursprungs ist, wie bei Börnstadt, welches ursprünglich Birgescheid hieß, kann diese Regel keine Anwendung finden.

3. Gleiche Bewandtniß hat es mit jenen Ortsnamen, welche ursprünglich auf Stal oder Stall ausgingen; denn das altdeutsche Wort Stal bedeutet einen Platz, auf welchem früher Gebäude standen, und hat sich in dem Worte Burgstal erhalten, welches in manchen Gegenden für den Platz einer ehemaligen Burg noch üblich ist. Solche Orte sind Ranstal (Landstuhl), Hagstal (Hauptstuhl), Sarnstal (Sarnsthal bei Annweiler), Liebenstal (Liebsthal bei Glan-Münchweiler), Leidstal (das sogenannte Hubenhäuschen daselbst), Hochstal (Hof in der Gemarkung von Trulben), Estalle (das heutige Dorf Esthal).

4. Wenn Feld- oder Walddistrikte von Mauern oder Steinmauern den Namen haben, so deutet dies gewöhnlich auf Ruinen römischer Gebäude hin. So haben wir einen Altmauerhof bei Kirchheimbolanden, einen Distrikt Mäuerle bei Nothweiler, einen Distrikt auf der Mauer bei Heltersberg, in der Gemarkung von Ruppertsberg wird 1234 ein Distrikt in der Hochmuren genannt, und in Winzingen gab es eine Flur im Gemure (Gemäuer). Wir fügen noch einige ähnliche Beispiele aus alten Gränzbeschreibungen bei, um die in der Nähe wohnenden Freunde des Alterthums zu weiteren Nachforschungen zu veranlassen. Nach der Grenzbeschreibung

des Amtes Grevenstein vom Jahr 1543 lief die Gränze von Klausen gegen den Staffelhof bei Pirmasens zur Geißfurt, dann in das Ornthal, ferner auf Littel (Rittel) an den Apfelbaum, dann „schlecht auf die steinern mauer in der Himbsch." Auch das alte Queibersbacher Weisthum erwähnt eine ähnliche Gränzmarke. Nach ihm ging nämlich die Grenze von der Katzenfurt in die Gebelsbach, an die Hasselborner Kling, Antwort, Schlicht, ferner an die Zieleiche und Rotterd, „da hat es eine steinmauern stehen."

5. Der nicht selten vorkommende Namen Staffel dürfte von dem lateinischen Worte stabula herzuleiten sein, und einen Ort an einer Wegscheide bedeuten, wo Pferde gewechselt werden konnten. Wir haben den Staffelhof bei Pirmasens, wo sich zwei Straßen kreuzten, und wahrscheinlich eine Relaisstation war. Ferner gibt es Feld- und Walddistrikte Staffel östlich vom Hebbarter Hofe bei Obernheim, bei Landstuhl (nach dem Weisthum ging die Gränze des Amtes Landstuhl von dem Rauffstein in die Fronsprach, dann zum Staffel), bei Heckenbalheim (an der k. preußischen Grenze).

6. Die alten Verbindungen mit dem Worte steinicht deuten gewöhnlich auf künstlich bearbeitete Steine, welche sich an den fraglichen Orten in größerer Menge vorfinden, also römische Ruinen verrathen; denn sonst hätte der Ausdruck steinigter Berg da, wo es allenthalben Felsen gibt, keinen Sinn. Solche Verbindungen sind: Steinechtenbohel (das heutige Dorf Standebühl), steinetet Bühel, welcher 1533 an der Gränze der oberen Frankweide, in der Nähe des Grevensteiner und Lauberwaldes erwähnt wird, der steinechte Berg im Limburg-Dürkheimer Walde (Monnat. Pal. I. 178). Eine ähnliche Bedeutung haben vielleicht die Steinpocheln, welche 1508 an der Gränze des Stumpfwaldes, oben an der Richenbelle, vorkommen, und die Steinpöchte, welche nach der Vellmann'schen Beschreibung des Amtes Wolfstein an der Gemarkungsgrenze von Sulzbach lagen. Endlich scheint auch die in der vorderen Pfalz für Feldgewanne bisweilen vorkommende Benennung im Steingebiß auf unterirdische Mauerreste hinzudeuten; wenigstens wurden im kleinen Steingebiß bei Musbach entschieden römische Ueberreste ausgegraben. Diese Benennung kömmt außerdem noch in Haßloch und Kirrweiler vor, und auch in dem eingegan-

genen Orte Brunheim bei Landau wird in einer Urkunde von 1285 ein Acker im Steingeboze genannt.

7. Das Andenken an einzelne Höfe hat sich gleichfalls häufig in den Namen erhalten. Bei den Römern hieß ein Hof, wenn alle Gebäude unter einem Dache befindlich waren, cohors, wovon ohne Zweifel das Dorf Kuhart bei Rheinzabern seinen Namen hat. Die Deutschen dagegen benannten solche Einzelhöfe mit dem noch jetzt in manchen Gegenden üblichen Namen Einöde. Daher ist dieser Namen im Westrich, wo schon zur Römerzeit die Höfe sehr zahlreich waren, so auffallend verbreitet. Wir nennen als hierher gehörig Einöd bei Zweibrücken, Höheinöd bei Pirmasens, Einöllen an der Lauter (früher Ainhait genannt), den Einsiedler=hof bei Kaiserslautern, den eingegangenen Ort Einöd, welcher 1393 zwischen Niederstaufenbach und Neunkirchen genannt wird, den Einödwieserhof bei Bottenbach und andere mehr. In den Urkunden des Mittelalters kommen häufig die Bezeichnungen Hof=statt oder alte Hofstatt vor, z. B. 1331 eine Wiese, genannt Hovestatt, in der Gemarkung des Bettinger Hofs bei Hornbach, oder in dem Lehenbuche des Kurfürsten Ruprecht III. eine Wiese, genannt die Hofestat, in der Weldbach bei St. Alban. Wir vermuthen, daß durch solche und ähnliche Bezeichnungen Stellen vormaliger römischer Höfe angedeutet werden.

8. Die Namen Winden und Windhof scheinen gleichfalls mit dem römischen Alterthum in irgend einer Beziehung zu stehen. Wir haben in der Pfalz zwei Orte Winden; das im Kanton Kandel gelegene Dorf dieses Namens, und den eingegangenen Ort Winden bei Obermoschel. Der Namen Windhof aber kömmt jedesmal in der Nähe römischer Niederlassungen oder an Römerstraßen vor: der Windhof bei Weißenburg oder vielmehr auf der Höhe bei Altenstadt, der Windhof bei Grumbach an der Römerstraße von Kreuznach gegen Trier, und der Windhof bei Leinsweiler an der von Landau in das Gebirge führenden Römerstraße. Der letztere Namen ist darum bemerkenswerth, weil er einem leeren Platze zukömmt, auf welchem wahrscheinlich noch niemals ein wirklicher Hof gestanden hat.

Man wird versucht, den Namen Winden und Windhof von

Vinctum (Weingarten) abzuleiten, und das heutige Dorf Weingarten einfach als die deutsche Uebersetzung desselben Wortes zu betrachten. Allein wir verkennen nicht, daß dieser Annahme mehrfache Bedenken entgegenstehen; denn einestheils waren bei den Römern die Weingärten gewiß zu allgemein, als daß man Orte darnach benannt hätte, und anderntheils ist die hohe und freie Lage des Windhofs bei Leinsweiler für einen Weingarten so wenig geeignet, daß schwerlich einer jemals daselbst bestanden hat.

5. Tempel und Sacellen.

Die Römer verehrten ihre Götter, zum Unterschiede von den Deutschen, welche die ihrigen in dichten Hainen anbeteten, in Tempeln und Sacellen (Kapellen). Tempel gab es wahrscheinlich nur in den größeren Städten; in Speier soll an der Stelle des heutigen Doms ein Dianentempel, und auf dem Weidenberge am Wormser Thor ein Venustempel gestanden sein. Sonst dürfte in der Pfalz kaum ein unzweifelhafter Rest eines heidnischen Tempels vorkommen.

Dagegen gab es allenthalben, sowohl in den Orten, als auf dem freien Felde Sacellen, welche dem einen oder andern Gotte, in der Pfalz meistens dem Jupiter oder dem Mercurius, geweiht waren. Sie standen nach Mone (Zeitschrift für die Geschichte des Oberrheins B. 14 S. 48) meistens auf erhöhten Plätzen in der Mitte mehrerer, sie von allen Seiten abschließenden Straßen, und bildeten längliche, oben offene Vierecke. Ein auf dem Alschbacher Berge bei Blieskastel ausgegrabenes, dem Merkur geweihtes Sacellum hatte eine Länge von 45, und eine Breite von 30 Fuß.

Als die Einwohner des Landes zum Christenthume bekehrt wurden, gingen diese Sacellen entweder ein, oder wurden für Zwecke des christlichen Gottesdienstes benützt. In dem ersten Falle behielt der Platz einen Namen, der auf den frühern Götzendienst, wie er jetzt genannt wurde, Bezug hatte, wie Götzenstück, Götzenfels u. s. w. Wurden dagegen christliche Kirchen dahin gebaut, so benutzte man die Fundamente der heidnischen Kapelle häufig für den Chor der neuen Kirche. Nach Mone dürften daher alle Chorthürme, welche durch ihre unverhältnißmäßige Breite und Tiefe mit der geringen Größe der Kirche selbst nicht im Einklange stehen, auf römischen Fundamenten gebaut sein.

Als die christliche Religion eingeführt wurde, setzte man, um ihr bei dem heidnischen Volke leichter Eingang zu verschaffen, an die Stelle der bisherigen Götter jene Heiligen, welche ihnen nach dem Volksbegriffe am nächsten standen. Für den Jupiter wurde der Apostel Petrus, für den Merkur der heil. Michael substituirt. Da in der Pfalz, wie die Inschriften nachweisen, besonders Jupiter und Merkur verehrt wurden, so sind hier die St. Peters- und Michaelskapellen und Berge besonders häufig. Einen schlagenden Beweis für diese Namensveränderung liefert der Donnersberg, der offenbar von dem deutschen Donnergotte oder dem römischen Jupiter den Namen hat; denn das erste Klösterchen, welches von dem Grafen Ludwig von Arnstein in der Mitte des 12. Jahrhunderts auf ihm gegründet wurde, hieß St. Petersberg. Auch die Pfarrkirche zu Theisbergstegen am Glan, welche im Mittelalter gewöhnlich St. Petersberg genannt wurde, dürfte von einem dem Jupiter geweihten Sacellum herrühren.

6. Gräber.

Ein Kennzeichen der Nähe römischer Niederlassungen sind auch die Gräber. Wo der Boden cultivirt wurde, sind dieselben zwar verschwunden, allein die verschiedenen Namen, welche ihnen die Deutschen gaben, haben sich erhalten, und genügen zu weiteren Forschungen.

Die Leichen der wohlhabenden Römer wurden verbrannt und die Urnen mit der Asche in gemauerten Grabgewölben (Columbarien) beigesetzt, welche außerhalb der Orte an den Straßen lagen. Die Deutschen nannten ein solches Grabgewölbe mittelst wörtlicher Uebersetzung des Wortes columbarium ein Taub- oder Daubhaus. Davon haben vermuthlich die Daubhausmühle bei Alsenz und der Walddistrikt Taubhaus, östlich von Altenbamberg, den Namen.

Später wurden die Leichen in aus Stein gehauenen oder mittelst zusammengestellter großer Ziegelplatten gebildeten Särgen beerdigt. Die Deutschen gaben solchen Begräbnißplätzen verschiedene Benennungen: die eine war Schelm, daher Schelmengasse (in Wachenheim 1552, in Hambach und Fußgönheim im 14. Jahrh. vorkommend), ferner Schelmengewann (in Gönheim und Altdorf), Schelmenthal (an der Grenze zwischen Otterberg und Höringen), Schelmenkopf (nördlich von Alsenborn), Schelmenäcker (1430 zu Kallstadt), Schelmenwald (zwischen Rheinzabern und Jockgrim). Die andere Benennung war Schar oder Scher; davon ist abgeleitet der Scharhof bei Gerhardsbrunn, die Scharau bei Roßheim. Ober- und Niederscharnau bei Landstuhl. Auch das Dorf Martinshöhe hat davon den Namen, da es ursprünglich Martinscher hieß. Eine Ableitung davon haben wir besonders hervorzuheben, da sie in der heutigen Verdrehung völlig unkenntlich geworden ist, das Wort Hünerscharre. Buchstäblich übersetzt bedeutet dieser Namen ein Riesengrab, vermuthlich war also damit ein besonders großer Grabhügel gemeint, ob jedoch ein römischer oder keltischer, lassen wir dahin gestellt. Wir haben drei Orte, welche diesen Namen führten: der Hof Hünerscharre an der Lauter, oder der heutige Hirschhornerhof, die Mühle Hünerscharre im ehemaligen Gerichte Waldfischbach, oder die heutige Hirschalber Mühle, und ein District Hünerscharre bei Orbis. Nach einem Vertrage vom Jahr 1540 befand sich nämlich das Vorholz zwischen der Hünerscharre und Orbiser Gemarkung. Auch in der Gemarkung der benachbarten hessischen Gemeinde Oberflörsheim hieß ein Gewann Hünerscharre (Remling Otterb. Urk. S. 254). Ob an diesen Orten noch Spuren solcher Grabhügel vorhanden sind, ist uns nicht bekannt.

Zweite Abtheilung.

Römische Straßen.

1. Straße von Straßburg über Speier nach Mainz.

Zur Zeit der Römer führten augenscheinlich zwei Straßen von Süden nach Norden durch unsern Kreis, eine in der Nähe des Rheins über Speier und Worms nach Mainz, und die andere näher am Gebirge von Straßburg direct nach Bingen und dem Niederrheine. In dem Itinerar des Antoninus sind diese beiden Straßen aufgeführt, während die Peutingerische Tafel aus unbekannten Ursachen nur die erstere enthält.

Die Straße von Straßburg über Speier nach Mainz, welche wir der Kürze wegen die Rheinstraße nennen, hatte bei den Römern offenbar mehr die Bedeutung einer Verbindungs- als einer Militärstraße. Dieses ergibt sich nicht nur aus den zahlreichen, durch die Lage von Speier und die Nothwendigkeit der Vermeidung der Rheinniederungen bedingten Abweichungen von der geraden Linie, sondern auch aus dem Umstande, daß diese Straße in keiner Urkunde des Mittelalters, wie die Gebirgsstraße, Heerstraße genannt wird. Vielmehr ist die älteste bekannte Bezeichnung derselben für die Strecke, wo sie durch den Binwald führt, vom Jahre 996, wo sie platea publica heißt. Wenn wir sie dennoch voranstellen, so geschieht dieses nur, weil sie vor allen andern Römerstraßen des Kreises das voraus hat, daß sie noch auf eine große Strecke erhalten ist, und auch für den Rest keine wesentlichen Schwierigkeiten bietet.

Wir beginnen mit der Betrachtung derselben in Lauterburg, wo schon zur Römerzeit ein Kastell und ein Rheinübergang bestand, welcher zu den in Au sich trennenden Römerstraßen nach Ettlingen und nach Baden führte. Sobald man diesseits Lauterburg auf der sogenannten Buchstraße den Wald erreicht, sieht man zur rechten Seite derselben und parallel mit ihr die ehemalige Römerstraße als eine schmale dammartige Erhöhung, zum Theil am Rande des ehemaligen Hochufers des Rheins, sich hinziehen. Die Bäche Wibelsbach, Heilsbach und Schmerbach, deren Bett einen tiefen Einschnitt bildet, wurden von ihr offenbar mittelst hölzerner Brücken überschritten, da sich von Mauerwerk keine Spur vorfindet.

Ehe die Römerstraße den Schmerbach erreicht, führt sie an einer ringförmigen Verschanzung vorbei, von welcher der Walddistrikt den Namen der Reitschule erhalten hat. Jenseits des Schmerbachs überschreitet die Römerstraße die bereits erwähnte Buchstraße und setzt sich von nun an auf der linken Seite derselben mitten durch den Wald fort. Nur einige hundert Schritte über dieser Stelle, in dem Walddistrict Hornungsberg, befindet sich links neben ihr eine viereckige Verschanzung, deren schmälere Seite der Straße zugekehrt ist. Gerade gegenüber, auf der rechten Seite der Straße ist der Platz, auf welchem früher der jetzt im Antiquarium zu Speier befindliche Meilenstein gefunden wurde. Es wäre deßhalb wohl möglich, daß diese Verschanzung ursprünglich eine Poststation (mutatio) war.

Der darauf folgende Otterbach wurde in der Nähe der Stelle, wo gegenwärtig ein Steg darüber führt, gleichfalls mittelst einer hölzernen Brücke überschritten, von der wir sogar noch den Erbauer kennen. Beatus Rhenanus, ein Schriftsteller des 16. Jahrhunderts, meldet nämlich, daß im Walde bei Rheinzabern ein Stein mit einer römischen Inschrift gefunden worden sei, nach deren Inhalt ein gewisser Silvanius Prolus mehrere Brücken auf seine Kosten gebaut und zum allgemeinen Nutzen bestimmt hat. Eine derselben war die über den Otterbach, zwei andere werden wir später kennen lernen.

Jenseits des Otterbachs führt die Römerstraße, fortwährend als schwache Erhöhung kenntlich, durch den Walddistrikt Grüben, von welchem später die Rede sein wird, in das Rheinzaberer Feld, wo sie sich durch die zahlreichen Kieselsteine verräth, welche mit dem Sandboden vermengt sind. Bei dem dermaligen Gasthause zum Engel erreicht sie das Dorf Rheinzabern, bei welchem wir, weil es bei den Römern eine der bedeutenderen Niederlassungen war, etwas verweilen müssen.

Rheinzabern (Tabernæ) wird in der Notitia dignitatum als ein Kriegsplatz mit dem Sitze des Präfecten der Truppen der Menapier, eines im belgischen Gallien, in der heutigen Provinz Geldern ansässig gewesenen Volkes, bezeichnet. Augenscheinlich bestand der Ort früher aus zwei Theilen, nämlich aus dem befestigten Castrum, mit den Kasernen und Militärgebäuden und aus der außerhalb desselben befindlichen bürgerlichen Niederlassung. Ob beide Orte denselben Namen Tabernæ führten, ist eben so ungewiß, als ob die bürgerliche Niederlassung vor der militärischen bestanden hat, oder umgekehrt.

Das Castrum nahm einen Theil des Raumes des heutigen Dorfes Rheinzabern ein: es hatte keine Mauern, wie die Städte, sondern nur einen äußern Graben, den spätern Dorfgraben und einen Wall. Nur der nördlich des Erlenbachs gelegene Theil desselben hatte die regelmäßige viereckige Form, wie es die Vorschrift bei den Römern war; die östliche Ecke des südlichen Theils dagegen war, ohne Zweifel wegen der in schiefer Richtung vorbeiführenden Römerstraße, abgestumpft. Die Militärgebäude, welche das Innere einnahmen, bestanden, wie der Namen Tabernæ zu erkennen gibt, nur in Baracken, d. h. in leicht aus Holz gebauten Hütten. Da man Ziegeln mit den Stempeln der 1., 4., 14. und 22. Legion gefunden hat, so muß die Besatzung mehrmals gewechselt haben. Die bereits erwähnten Menapier gehörten zur 22. Legion.

Die bürgerliche Bevölkerung wohnte außerhalb des Castrums, und zwar theils gegen Norden an der nach Rülzheim führenden Straße, theils südlich gegen den Wald zu. Auch ihre Wohnungen scheinen nur in leichtgebauten hölzernen Häusern bestanden zu sein, weil man auch hier keine Fundamente im Boden findet. Der Begräbnißplatz derselben, wie auch jener der Garnison, lag gegen Süden und Osten, und zwar wurden zur Seite des heutigen Begräbnißplatzes nur Urnen, südlich vom Orte, zwischen der Römerstraße und der heutigen Straße nach Kandel Urnen und Steinsärge, und östlich, auf der Südseite des Erlenbachs, nur Steinsärge ausgegraben. Diese letztern bestehen in großen Ziegelplatten, welche dachförmig an einander gestellt, und vornen und hinten durch gleiche Platten geschlossen sind.

Die Hauptbeschäftigung der bürgerlichen Bevölkerung war die Töpferei, d. h. nicht nur die Anfertigung von Gefäßen für den häuslichen Gebrauch, sondern auch von Bildwerken der heidnischen Gottheiten, welche als Hausaltäre dienten. Dieser Industriezweig war gleichsam von der Natur vorgezeichnet; denn in dem südlich von dem Dorfe gelegenen, von der Römerstraße durchschnittenen Walde findet sich ein vortrefflicher plastischer Thon. Noch jetzt sieht man die zahlreichen, aber unregelmäßigen Gruben, welche zur Ausbeutung desselben benützt wurden; nach ihnen heißt noch jetzt der Walddistrikt die Grüben. Diese Industrie wurde in dem ausgedehntesten Maßstabe betrieben; man hatte schon vor mehreren Jahren 84 Brennöfen ausgegraben, und die Zahl der bekannten Namen von Töpfern beträgt bereits gegen 100. In der That wurden Gefäße aus den hiesigen Fabriken bis gegen Mainz und Straßburg, sodann in Baden-Baden und auf der andern Seite in der Nähe von Kusel gefunden. Alle Brennöfen standen wegen des leichtern Transportes des Thons auf der Südseite, gegen den Wald zu.

Die Römerstraße führte von dem bereits erwähnten Gasthause zum Engel durch den östlichen Theil des heutigen Dorfes Rheinzabern und in der Nähe des Pfarrgartens über den Erlenbach. Hier stand vermuthlich der zweite Denkstein des *Silvanius Probus*, welcher im Wirthshause zum Schaaf eingemauert ist. Hier befand sich ohne Zweifel auch das Hauptthor, welches in das Castrum führte und vermuthlich mit dem vergoldeten Adler der 22. Legion verziert war, welcher hier im Jahre 1854 gefunden wurde. Die

Straße durchschneidet sodann den neuen Begräbnißplatz und setzt sich jenseits desselben als Feldweg, welcher zugleich die Gemarkungs- und Kantonsgrenze bildet, in gerader Richtung fort. Ueber den Rodenbach führte wieder eine hölzerne Brücke, von welcher vor einigen Jahren noch ein verkohlter Balken aus dem Boden hervorragte. Darneben fand sich eine Steinplatte, welche in einer neuen steinernen Fassung auf dem benachbarten Acker wieder aufgerichtet wurde, und uns meldet, daß der bereits erwähnte Silvanius Probus auch diese Brücke auf seine Kosten bauen ließ.

Fortwährend die gerade Richtung beibehaltend, und zugleich die Kantonsgrenze bildend, erreicht die Römerstraße in der Nähe des Dorfes Hördt, oberhalb der Oelmühle, den Klingbach, welcher jedoch nicht mittelst einer Brücke, sondern nur durch eine Furth passirt worden zu sein scheint; wir schließen dieses aus dem Umstande, daß gerade in dieser Stelle das abhängige Ufer auf beiden Seiten abgeflacht ist, so daß eine breite Aushöhlung in die Thalsohle führt.

Die weitere Fortsetzung ist in den Feldern nicht mehr zu erkennen. Erst nach einem Zwischenraume von beiläufig 3 Stunden, jenseits des Dorfes Lingenfeld, auf dem sogenannten rothen Hamme, einem steil in den Rhein abfallenden Abhange, der sich erst in der neuesten Zeit gebildet hat, kömmt die Römerstraße wieder zum Vorschein, um bis Speier nicht mehr zu verschwinden. Es fragt sich daher, wie diese Lücke auszufüllen sein dürfte.

In Ermangelung anderer Anhaltspunkte wird man am sichersten gehen, wenn man die ursprüngliche Länge der fehlenden Strecke zu ermitteln sucht. Nach dem oben erwähnten, im Bindwalde gefundenen Meilensteine beträgt die Entfernung von dort nach Speier 13 gallische Leugen oder, die Leuge zu 2218 1/2 Meter gerechnet, 28,840 Meter. Die wirkliche Entfernung vom Fundorte bis an den Klingbach beträgt aber 10,350 Meter

jene der noch vorhandenen Strecke, vom rothen Hamme bis Speier 8,250 „

und der leere Zwischenraum zwischen beiden in gerader Richtung gerechnet 10,950 „

zusammen also 29,550 „

Da hienach die wirkliche Entfernung das Maaß von 13 Leugen schon um 710 Meter übersteigt, so kann die Römerstraße von dem Klingbache bis zum rothen Hamm von der geraden Linie nicht wesentlich abgewichen sein. Man wird deßhalb zwischen Germersheim und der Holzmühle, und sodann südlich von Lingenfeld, wo ein Felddistrict noch jetzt die Heidengewann genannt wird, ihre Spuren aufzusuchen haben.

Auf dem rothen Hamm ist die Römerstraße als eine auf einer Lettenschichte ruhende Kiesdecke, 1 Fuß unter der jetzigen Oberfläche, erkennbar. Beiläufig 100 Schritte von dem Rande des Abhanges macht sie eine kleine Biegung gegen Nordosten und setzt sich nun unter dem Namen der Hochstraße, den sie schon 1299 führte, in gerader Linie durch das Dorf Heiligenstein, an Berghausen vorbei, bis Speier fort. Gleich hinter Berghausen, in der Nähe des sogenannten Tafelbrunnens, stand früher eine Warte, von der noch jetzt der Platz den Namen hat.

Speier (civitas Nemetum), die Hauptstadt des Nemeterlandes, gehört ohne Zweifel unter die keltischen Ansiedelungen, welche die Deutschen vorfanden und die Römer weiter befestigten. Auf die zahlreichen Alterthümer, welche hier schon gefunden wurden, näher einzugehen, ist hier nicht der Platz. Um die große Bedeutung, welche die Stadt zur Zeit der Römer hatte, würdigen zu können, genügt es, darauf hinzuweisen, daß wahrscheinlich hier ein Hafen für die Rheinflotte bestand, und daß Kaiser Constantin I. hier eine Schiffbrücke baute, welche die Verbindung mit den zahlreichen, von dem rechten Rheinufer einmündenden Straßen vermittelte.

Die Römerstraße nach Worms ist von Speier aus auf einige Stunden durch die heutige Staatsstraße bedeckt. Sie führte, um die Rheinniederung zu vermeiden, mittelst einer starken Ausbeugung nach Westen über die sogenannte Diebsbrücke, deren eigentlicher, noch im Mittelalter gebräuchlicher Namen Dietbrücke auf eine Volks-, d. h. öffentliche Straße hindeutet, und in gerader Richtung an dem sogenannten Chausseehause, einer ehemaligen Warte, vorbei, über die Rehhütte bis an die Stelle, wo sich die heutigen Straßen nach Mannheim und nach Mutterstadt trennen. Von hier aus setzt sie sich als Feldweg unter dem Namen des Burgweges unter

Beibehaltung ihrer bisherigen Richtung, ohne einen Ort zu berühren, bis an die Ecke fort, welche die heutige Staatsstraße von Oggersheim nach Frankenthal beiläufig auf der Hälfte des Weges bildet. Bei Mutterstadt, welches links liegen bleibt, heißt das neben der Römerstraße liegende Feld das Götzenstück, vermuthlich von einer daselbst befindlich gewesenen Feldkapelle.

Von der erwähnten Ecke anfangend, bis Worms, fällt die Römerstraße wieder mit der heutigen Staatsstraße zusammen. Beide führen in gerader nördlicher Richtung durch Frankenthal und an Bobenheim vorbei nach Worms.

Ob Frankenthal römischen Ursprungs sei, ist noch zweifelhaft. Nachdem jedoch die beiden Klöster Groß- und Kleinfrankenthal, aus denen die heutige Stadt entstanden ist, der Sage nach in den Ruinen einer ehemaligen Burg, Mörlenburg genannt, gegründet worden sein sollen, so ist es wahrscheinlich, daß Frankenthal, obgleich von besonderen Funden daselbst nichts bekannt ist, zu den römischen Niederlassungen zu rechnen sei.

Die Erörterung der Alterthümer von Worms, der ehemaligen Hauptstadt der Vangionen, sowie die Verfolgung der Römerstraße von da nach Mainz liegt außer dem Bereiche der Aufgabe, welche wir uns gesetzt haben. Wir kehren daher zurück, um hier der Kürze wegen gleich die römischen Stationen zwischen der Rheinstraße und dem Rheine, welche nur wenig Bemerkungswerthes darbieten, näher zu betrachten.

Schon in der Einleitung wurde bemerkt, daß im 3. und 4. Jahrhunderte, als die Einfälle der Deutschen vom rechten Rheinufer her immer häufiger und kühner wurden, die Römer anfingen, den Rhein durch vorgeschobene Kastelle zu schützen, welche den Rheinübergang zu beherrschen und den Feind abzuhalten bestimmt waren. Die einzelnen Orte, welche wir für solche römische Vorposten halten, sind folgende:

1. Das heutige Dorf Hagenbach. Dasselbe war früher mit Wall und Graben befestigt, und wird daher in der frühesten Zeit eine Stadt genannt. Römische Alterthümer sind unseres Wissens daselbst noch nicht gefunden worden.

2. Die ehemalige Burg Affalterloch, welche etwas oberhalb

des heutigen Dorfes Wörth, auf einer künstlichen Erhöhung des ehemaligen Hochufers des Rheines, in dem nach ihm benannten Waldbistricte Affolderle gelegen war, jetzt aber völlig verschwunden ist. Sie kömmt in der Geschichte nur einmal vor; da nämlich ihre Besitzer die in der Nähe vorbeiführende Buchstraße unsicher machten, so zogen die Speierer im Jahr 1349 unter der persönlichen Anführung des Kaisers Karl IV. aus, und zerstörten sie. Was für den römischen Ursprung spricht, ist allein der Umstand, daß diese Burg keine Lage hat, wie man sie im Mittelalter liebte; denn der Hügel, auf welchem sie lag, ist weder hoch noch steil, bietet also keine natürlichen Vortheile.

3. Das Dorf Jockgrim. Dem Namen nach ist dasselbe keltischen Ursprungs, scheint jedoch von den Römern mit Mauern umgeben worden zu sein. Wir schließen dieses aus dem Umstande, daß die starke Backsteinmauer, welche oben zur Vertheidigung dient, mit ihrem unteren Theile zugleich die künstliche Terrasse bildet, auf welcher der Ort steht, also auch mindestens so alt sein muß, als der Ort selbst. Daß diese Terrassen- und Vertheidigungsmauer jedenfalls schon sehr alt ist, beweist eine Urkunde vom Jahre 1366, in welcher Jockgrim bereits eine Stadt (oppidum) genannt wird. Auch die Bauart erinnert an römische Städte; denn der Zugang zu der schmalen, in die Rheinniederung vorspringenden Landzunge, auf welcher Jockgrim liegt, ist von der Landseite her durch einen Graben und durch die darneben liegende, gleichfalls mit einem Graben umgebene ehemalige bischöfliche Burg, das alte **praetorium**, abgesperrt.

4. Der Burgberg bei Neupfotz. Ehe man auf der Straße von Rheinzabern nach Neupfotz in die Rheinniederung gelangt, erhebt sich rechts, am Rande derselben, dicht am Ufer des Erlenbachs, ein Sandhügel, welcher der Gemeinde Neupfotz seit lange als Sandgrube dient und daher an Umfang und Höhe fortwährend abnimmt. Auf diesem Hügel, der durch seinen Namen Burgberg auf ein Kastell hindeutet, wurde früher ein jetzt im Antiquarium zu Speier befindlicher römischer Altar gefunden. Von Mauerwerk findet sich jedoch keine Spur mehr vor.

5. Die alte Burg zu Leimersheim. Sie lag auf einer

schwachen Erhöhung mitten in der tiefsten Rheinniederung, auf der nördlichen Seite des heutigen Dorfs Leimersheim, und kömmt schon 1270 vor, wo sie von den Rittern von Fleckenstein an das Kloster Hördt verkauft wurde. Da die Lage für eine Ritterburg völlig ungeeignet war, so liegt die Vermuthung nahe, daß sie aus einem römischen zur Deckung des Rheinüberganges bestimmten Kastelle hervorgegangen sei. Das Mauerwerk ist jetzt völlig verschwunden.

6. Das heutige Dorf und ehemalige Kloster Hördt. Dasselbe war aller Wahrscheinlichkeit nach eine der bedeutenderen Niederlassungen mit einem wichtigen Rheinübergange; denn hierher waren, wie wir später erörtern werden, mehrere Straßen gerichtet, und zahlreiche Alterthümer wurden hier gefunden, unter denen wir namentlich die gegenwärtig im Antiquarium zu Mannheim befindliche Statue der Juno erwähnen.

7. Die ehemalige Reichsburg Germersheim. Daß dieselbe aus einem römischen Kastelle hervorgegangen sei, dürfte durch den hier gefundenen Denkstein der Maja bewiesen sein. Ob dagegen Germersheim, wie manche Geschichtsforscher vermuthen, der vicus Julius sei, welcher in der Notitia dignitatum als Militärposten genannt wird, ist eine noch unentschiedene Frage, die wir jedoch verneinen zu müssen glauben.

8. Das Dorf Otterstadt, nördlich von Speier. Dasselbe wird durch die Endung seines Namens und durch die hindurchführende Straße von Speier nach Altrip als eine römische Station legitimirt, obgleich von daselbst aufgefundenen Alterthümern noch nichts bekannt geworden ist.

9. Das Dorf Altrip. Wir nehmen diesen Ort als die Stelle des ehemaligen Kastells Alta ripa an, nicht nur wegen der Uebereinstimmung des Namens, sondern auch wegen der noch im Rhein stehenden, wahrscheinlich von einer Brücke herrührenden Grundmauern. Indessen verkennen wir nicht, daß viele und gewichtige Gründe gegen diese Annahme sprechen. Zunächst leuchtet ein, daß das in der Rheinniederung gelegene heutige Dorf Altrip nicht jenes Ufer sein könne, welches, wie sich Symmachus ausdrückt, von seiner Höhe den Namen hat (illa ripa, cui altitudo nomen imposuit). Sodann hat man hier von kleineren Alterthümern

4

Hausgeräthen, Zierrathen, Waffen und dergleichen, wie sie an den von den Römern bewohnten Orten vorzukommen pflegen, bisher noch gar nichts gefunden, die zahlreichen römischen Denksteine aber, welche hier ausgegraben wurden, waren in Fundamenten vermauert, können daher ursprünglich auch irgendwo anders gestanden sein. Es ist sogar wahrscheinlich, daß diese Monumente als brauchbares Baumaterial von Nah und Fern zusammengebracht wurden, denn die beiden Meilensteine, welche die Entfernung von Speier auf 2 und 5 Leugen angeben, können unmöglich an einem Orte ihre ursprüngliche Stelle gehabt haben, der der Nemetona geweihte Altar und der Stein mit den Namen der freien Bürger (immunes) aber dürften sogar von Speier selbst herstammen. Wenn wir ungeachtet dieser Bedenken in dem heutigen Dorf Altrip den Platz des Kastells Altaripa annehmen, so geschieht es nur, weil in der Nachbarschaft kein Ort vorhanden ist, welcher darauf größere Ansprüche zu machen hätte.

10. Rheingönheim. Südöstlich von diesem Orte, in dem Winkel, welchen der Rehbach bildet, indem er seine östliche Richtung verlassend, sich plötzlich nach Norden wendet, will Rappenegg (Jahrbücher des Vereins von Alterthumsfreunden u. s. w. Band X S. 9) auf dem erhöhten linken Ufer verschiedene römische Alterthümer, und längs des Weges von der sogenannten Krahnenbrücke Fundamente entdeckt haben, welche auf eine größere Niederlassung schließen lassen. Vielleicht ist es auf diese Stelle zu beziehen, wenn in einem Verzeichnisse der dem Stifte zu St. Goar gehörigen Grundzinsen zu Rheingönheim vom Jahre 1217 auch Güter in Birgelin (im Bürglein) erwähnt werden.

11. Die Orte Maudach und Friesenheim dürften gleichfalls zu den römischen Stationen zu rechnen sein, weil in beiden schon in den frühesten Zeiten Ritterburgen vorhanden waren. Jene zu Maudach, den Rittern von Ruppertsberg gehörig, wurde schon 1258 von den Wormser Bürgern, weil die Besitzer Straßenraub getrieben, zerstört, jene zu Friesenheim aber gab einem Rittergeschlechte den Namen, welches schon im Anfange des 13. Jahrhunderts vorkömmt.

2. Straße von Straßburg nach Bingen.

Diese Straße war offenbar für das römische Reich noch wichtiger, als die Rheinstraße, weil sie die Verbindung mit dem Niederrhein auf dem kürzesten Wege vermittelte. Wir können daher auch annehmen, daß die Römer, welche in der Wahl der Richtung vollkommen freie Hand hatten, und für Grund und Boden keine Entschädigung leisteten, von der geraden Linie möglichst wenig abgewichen sein werden.

Schon aus diesem Grunde ist es klar, daß diese Straße unmöglich über Altenstadt bei Weißenburg, wie gewöhnlich angenommen wird, geführt haben könne; denn sie hätte alsdann nicht nur einen nutzlosen Umweg gemacht, sondern auch ein Terrain aufgesucht, wo der Straßenbau wegen der von den Vogesen auslaufenden Hügel ungleich schwieriger und kostspieliger war, als in der Ebene. Wir werden vielmehr der wahren Sachlage näher kommen, wenn wir diese Straße mitten in der Rheinebene, also beiläufig in der Mitte zwischen Lauterburg und Altenstadt aufsuchen.

Setzen wir die Richtung von Alzei bis Landau, welche weiter unten beleuchtet werden soll, von dem letztern Orte gegen Süden weiter fort, so gelangen wir an einen Weg, welcher in auffallend gerader Linie von Norden nach Süden sowohl die Gemarkungsgränze zwischen den Orten Mühlhofen und Billigheim, als auch die ehemalige Territorialgränze zwischen dem pfalz-zweibrückischen Amte Barbelroth und der kurpfälzischen Stadt Billigheim bildet. Es ist dies die heutige Straße von Billigheim nach Hergersweiler. Daß auf dieser Gränzlinie schon früher eine Straße hinlief, welche bei Hergersweiler mittelst einer steinernen Brücke über den Erlenbach führte, ergibt sich aus einem Nebenreceß zu dem im Jahr 1612 zwischen Kurpfalz und Pfalz-Zweibrücken errichteten Landauer Vertrage. Darin wurden die Streitigkeiten, welche zwischen dem Amte Barbelroth, resp. den drei Gemeinden Mühlhofen, Barbelroth und Oberhausen einerseits und der Stadt Billigheim andererseits „wegen der Straße und des Wasems durch den Wald bis an die Hergersweiler Brück" bestanden, dahin verglichen, daß beide Parteien diese Straße, auch die halbe steinerne Brücke, so an Hergersweiler Gemark ſtößt, insgemein haben ſollen. „Item (ſo heißt es weiter) ſollen ſie die Straß mit Wegſteinen unterſetzen und von dem Waſem abſondern, der Waſem aber, ſo etwan (d. h. ehemals) die alte Straß geweſen, ſoll den 8 Dörfern hinfürs als ein Alment allein verbleiben."

Hieraus geht klar hervor, daß neben der neuen Hergersweiler Straße eine ſchon 1612 verlaſſene alte Straße hinlief. Ob davon noch Spuren vorhanden ſind, iſt uns unbekannt. Wir zweifeln aber nicht, daß wir hier die alte Römerſtraße von Straßburg nach Bingen vor uns haben.

Die Fortſetzung dieſer Straße von der Hergersweiler Brücke gegen Süden bietet große Schwierigkeiten dar, indem ſichtbare Spuren nicht mehr vorhanden ſind. Uns ſcheinen nur zwei Richtungen möglich: entweder

a) durch die ſogenannte Fredenfelber Hohl in Hergersweiler gegen das hohe Haus bei Fredenfeld, und weiter durch den Binwald gegen Niederlauterbach und Selz, oder

b) durch Hergersweiler an Volmersweiler vorbei nach Schaidt, und weiter auf der Gränze des Binwaldes und der Mundatwaldungen nach Salmbach im Elſaß.

Für die erſtere Richtung ſpricht das hohe Haus oder der Hausbuckel bei Fredenfeld, eine runde künſtliche Erhöhung aus Erde, mit zahlreichen Ziegel- und Mörtelſtücken untermiſcht, welche durch einen Graben von dem übrigen Theile des Hügels getrennt iſt und zum Schutze einer vorüberführenden Straße beſtimmt geweſen zu ſein ſcheint. Die zweite Richtung dagegen wird durch den Namen des Dorfes Schaidt, welches 1284 und 1313 Scheide und Schiden genannt wird, alſo auf eine Wegſcheide, d. h. eine Kreuzung von Straßen hindeutet, und durch den Namen einiger Walddiſtrikte, wie Schelmengrub und Hochſtätte, unterſtützt. Dieſe zweite Richtung führt auf die Bildſtraße, welche die Mundatwaldungen des Kloſters Weiſenburg von dem Binwalde ſcheidet und mit dem in der Dagobertſchen Schenkung an das Kloſter Weiſenburg vorkommenden Gebolbesmege wahrſcheinlich identiſch iſt, und ſodann weiter über Salmbach entweder gegen das ehemalige Kloſter Königsbrück oder gegen Selz; welches nicht nur als Militärstation an der Straße von Straßburg nach Mainz, sondern auch als Uebergangspunkt über den Rhein besondere Bedeutung hatte. Morlet hat jedoch in dieser Richtung keine Römerstraße angegeben.

Wenn wir die Hergersweiler Straße gegen Norden weiter verfolgen, so führt sie östlich an Billigheim vorbei, wo sie noch jetzt die alte Straße heißt, und mündet kurz vor Impflingen in die heutige Staatsstraße von Bergzabern nach Landau ein, mit welcher sie nun zusammenfällt. In Impflingen wurde früher ein Altar des Merkur mit einer Inschrift gefunden. Da, wo diese Straße sich in das Thal der Queich senkt, lag früher ein Dorf, Utzingen oder Euffingen genannt, in dessen Gemarkung 1268 eine Heerstraße erwähnt wird.

Ueber Landau wird bei den einzelnen Niederlassungen das Nöthige vorgetragen werden. Auch von hier aus gegen Edesheim fällt die alte Römerstraße mit der heutigen Staatsstraße zusammen. Man sieht bei Nußdorf und Walsheim noch an einigen Stellen ihre Spuren; sie bildete hier tiefe Einschnitte in die Hügel, dicht neben der heutigen Straße.

Edesheim besitzt in der alten Burg und dem spätern bischöflichen Amtshause den Rest eines römischen Kastells. Diese Burg bildete früher ein von einem Wassergraben umgebenes Viereck, von dem noch ein Flügel steht. In der Gemarkung von Edesheim kömmt 1396 und 1470 die Benennung Heergasse vor; ob jedoch diese oder eine andere Straße damit gemeint sei, müssen wir dahingestellt sein lassen. Auch sollen sich bei Edesheim Spuren einer römischen Brücke vorfinden.

Auch von Edesheim aus scheint die Römerstraße die Richtung der heutigen Staatsstraße verfolgt zu haben. Erst nach dem Eintritt in die Gemarkung von Hambach biegt sie rechts ab und zieht als Feldweg unter dem Namen der vordern Schmalstraße in der Richtung nach Musbach zu. Die unmittelbar anstoßende Feldgewann heißt am Heidengraben, und die folgende führt den Namen der römischen Weiden. An der Schmalstraße selbst wurden früher Fundamente ausgegraben. (Intell. Bl. 1828 S. 75.)

Die Fortsetzung der Schmalstraße in gerader Linie führt auf

den Spitalhof, einen beiläufig eine kleine halbe Stunde unterhalb Neustadt an der Hardt, neben dem Speierbache liegenden Hof, welcher ursprünglich Branchweiler hieß, und seinen heutigen Namen von einem Spitale erhalten hat, welches hier 1276 gegründet und später nach Neustadt verlegt wurde. Zur Zeit der Gründung dieses Spitals muß daher die alte Römerstraße noch gebraucht worden sein. Da der ganze Spitalhof ein von einem Graben umschlossenes Viereck bildet, welches von der alten Straße genau nach Norden durchschnitten wird, und ein unterhalb des Hofes befindlicher Graben noch jetzt der Burggraben heißt, obgleich von einer Burg weit und breit nichts bekannt ist, so läßt sich vermuthen, daß sich hier ursprünglich ein römisches Kastell befunden habe, welches zur Deckung der verschiedenen hier zusammenlaufenden Straßen bestimmt war.

Jenseits des Spitalhofs führte die Römerstraße auf die Heibbrücke zu, deren Namen, wie auch jener der benachbarten Gewanne Heidenfeld, auf römischen Ursprung deutet, und in gerader Linie nach Musbach, welches vermuthlich an seinem östlichen Ausgang durchschnitten wurde. Von hier bis Deidesheim scheint die Römerstraße mit der heutigen Staatsstraße wieder zusammenzufallen. Ehe diese sich in die Niederung senkt, in welcher Deidesheim liegt, befindet sich links von ihr die Stelle, wo im Jahre 1843 zahlreiche, aus Ziegelplatten gebildete Gräber mit verschiedenen Schmucksachen, jedoch ohne Waffen, gefunden worden sind.

Ueber Deidesheim, welches wir schon in der Einleitung zu den von den Römern herübergekommenen Städten gerechnet haben, wird bei den einzelnen Stationen noch besonders gehandelt werden. Einstweilen erwähnen wir nur, daß der Namen Heerstraße in der vereinigten Gemarkung von Deidesheim und Niederkirchen schon in den ältesten Zeiten vorkömmt (1277 juxta viam, quae dicitur Herstraze, 1320 und 1345 Heerstraße). Dasselbe gilt von Wachenheim, in dessen Nähe die Straße vorbeiführte (1280, super herestrate juxta vallem).

Der nächste sichere Punkt derselben findet sich außerhalb Dürkheim, auf der Staatsstraße nach Oggersheim. Hier, wo der Abfall in das Thal der Isenach ziemlich steil ist, führt ein Einschnitt in der Breite einer Straße, jetzt ein Acker, mit geringem Gefälle in das Wiesenthal hinab. Früher hieß dieser Einschnitt die Heerstraße. Dieses ergibt sich aus einem gräflich leiningischen Saalbuche vom Jahre 1586, worin unter den Zinsgütern in der Gemarkung von Dürkheim auch folgendes erwähnt wird:

1 Morgen uffm Frohnhof oder auf der Holen, gesorcht nacher Waldt Schönfeld (Schönfelder Klostergut), nacher Rhein die Heerstraß oder Hohl.

Von hier aus ist die Verfolgung der Römerstraße noch schwieriger, als bisher. Wir wissen zwar, daß die Grafen von Leiningen das Geleite hatten „von Dürkheim an die Straß herinne, die man nennet die Heerstraße, bis über die Pryme und den berg uß bis für die locher, die uf demselben berg stent"; indessen kommen wir damit, weil keine Orte benannt sind, nicht viel weiter. Wir sehen uns daher abermals auf Vermuthungen beschränkt.

Die obenerwähnte Stelle bei Dürkheim deutet in nördlicher Richtung auf Ungstein und Kallstadt. In dem ersteren Orte (in den ältesten Urkunden Unkunstein oder Ongstein genannt, vielleicht von einem hier befindlich gewesenen Steindenkmale) wurden, so viel bekannt, noch keine römischen Alterthümer ausgegraben; dagegen spricht bei Kallstadt (ursprünglich Kagelenstat genannt) nicht nur der Namen für den Ursprung aus einer römischen Station, sondern in der Nähe dieses Dorfs sollen auch die Reste jener römischen Inschrift gefunden worden sein, welche sich gegenwärtig in der nach der Straße gelehrten Seite einer Weinbergsmauer zu Pfeffingen befinden und von einem der Siegesgöttin geweihten Sacellum herrühren.

Von Kallstadt aus scheint die Römerstraße mit dem heutigen Communicationswege über Herzheim nach Grünstadt zusammenzufallen. Daß schon in den ältesten Zeiten in dieser nördlichen Richtung eine Heerstraße vorhanden war, ergibt sich aus der sogenannten alten Rottel der großen Ganerbwaldungen vom Jahr 1400. Es heißt darin unter anderm:

Wenn aber die Ganerben (d. h. die Gemeinden Kallstadt, Leistadt und Freinsheim) den (brennenden) Wald gelöscht hand, und herwieder ausgehend (auf dem Rückwege begriffen sind), finden sie die von Weisenheim am Sand diesseit der Hörstraß, die über den Freinsheimer Holzweg leitet (waren also die Weisenheimer bei dem Brande so saumselig, daß sie noch nicht einmal die Heerstraße überschritten hatten), so haben sie 4½ Unzen Heller verbrochen.

Nachdem die Römerstraße zwischen Kleinkarlbach und Kirchheim an der Eck, vermuthlich mittelst der steinernen Brücke, welche in der Einleitung erwähnt wurde, den Eisbach überschritten hatte, erreichte sie Grünstadt, dessen Namen (836 Grindestat) allein schon den römischen Ursprung beweist, wenn auch daselbst von römischen Alterthümern nichts bekannt ist. Die Richtung, in welcher dieses Städtchen gebaut ist, deutet so bestimmt auf eine directe Verbindung mit Alzei, als der nächsten und letzten Römerstation auf der Straße nach Bingen, daß man darüber nicht wohl im Zweifel sein kann. Ob jedoch diese Verbindung über Kindenheim, Niefernheim und Flamborn, oder noch gerader durch das Dorf Asselheim, ferner über Gossenheim (ein schon vor dem 30jährigen Kriege eingegangenes Dorf, welches eine kleine Strecke westlich von Kindenheim lag) und über Zell stattgefunden habe, bedarf noch einer nähern Untersuchung. Für beide Richtungen sprechen Gründe: für die erstere der Umstand, daß Kindenheim im Mittelalter mit Wall und Graben umgeben war, und daß bei Niefernheim (dessen alter Namen Nivora vielleicht sogar noch römisch ist) römische Gräber gefunden wurden, für die Letztere dagegen die Erwägung, daß das Kloster Hornbach, als es im Anfange des 12. Jahrhunderts in Zell ein Klösterchen gründete, dazu wahrscheinlich einen Platz an einer Straße und an einer Stelle auswählte, wo die Baumaterialien bereits vorhanden waren. Eine Untersuchung an Ort und Stelle wird hierüber Gewißheit geben, da sich an den Abhängen des Geisterberges, welcher auf beiden Seiten überschritten werden mußte, wahrscheinlich noch Reste von Pflaster vorfinden. In der Gemarkung von Kindenheim kömmt in der Thatsache 1390 die Benennung „auf dem gesteineten Wege" vor.

Blicken wir auf den ganzen bisher verfolgten Straßenzug zurück, so überzeugen wir uns, daß ihn die Römer nicht anders führen konnten, als es geschah. Das von zahlreichen, querlaufenden Thälern durchschnittene Haardtgebirge stand der Einhaltung einer völlig geraden Linie von Straßburg nach Bingen im Wege; dasselbe mußte daher an seiner äußersten Spitze bei Forst umgangen werden. Hier war also die Anwendung eines stumpfen Winkels nothwendig, worauf wieder die gerade Linie eingehalten werden konnte.

3. Straße von Metz nach Worms.

Die Straße von Metz (Divodurum) nach Worms ist zwar weder in der Peutinger'schen Tafel, noch in dem Itinerar des Antonin erwähnt, daß sie jedoch wirklich vorhanden war, unterliegt keinem Zweifel. Sie führte mitten durch unsern Kreis, und ist beinahe noch auf allen Punkten nachweisbar.

Die erste Strecke von der preußischen Gränze an hat Schrötet in den Mittheilungen des historisch-antiquarischen Vereins für die Städte Saarbrücken und St. Johann beschrieben. Nach seiner Angabe führte die Römerstraße von Gudingen an der Saar nach Bischmisheim, sodann südlich an dem römischen Kastell auf dem sogenannten hohen Stiefel, dem höchsten Berge dieser Gegend, vorbei in die Felder des Sengscheiber Hofs, weiter zwischen Rohrbach und dem Gerskircher Hof über die heutige Kaiserstraße, und nördlich von derselben in den Walddistrict Kanzlei, wo seine Beschreibung endigt.

Die Fortsetzung von diesem Punkte bietet keine wesentlichen Schwierigkeiten dar. Die bisherige Richtung deutet auf Altstadt bei Limbach, eine unzweifelhaft römische Station, von welcher unten noch besonders gehandelt werden soll, ferner auf das Dorf Erbach, das Oertchen Steinthor und endlich auf Vogelbach, wo schon im Jahre 1212 ein von den Grafen von Homburg gegründetes Spital bestand, ein Beweis, daß schon damals eine stark besuchte Straße hindurchführte.

Von Vogelbach bis Kaiserslautern fällt die alte Römer- und spätere Geleitsstraße mit der heutigen Kaiserstraße zusammen. Der folgende Ort Hauptstuhl (früher Harstall) gibt sich schon durch seinen Namen als römische Ansiedelung zu erkennen. Dasselbe gilt in noch höherem Grade von Landstuhl, welches, wie wir bei den einzelnen Niederlassungen erörtern werden, eine der bedeutenderen Niederlassungen gewesen sein muß. Der darauf folgende Einsiedlerhof endlich, schon vor dem Jahre 1253 eine Commende des Johanniter-Ordens, deutet durch seinen Namen auf seine Entstehung von einem römischen Meierhofe.

Ueber das hohe Alter der Straße zwischen Landstuhl und Kaiserslautern liegen uns mehrere geschichtliche Zeugnisse vor. Schon im Jahre 1253 wird diese Strecke die Königsstraße (strata regia inter oppidum Lutrae et castrum Nanneustal) und im Jahre 1332 schon die Kaiserstraße (strata et via imperatoria per oppidum Lutren) genannt.

Ueber Kaiserslautern, welches schon zur Römerzeit eine Stadt und der Knotenpunkt mehrerer Straßen war, soll in der III. Abtheilung das Nöthige bemerkt werden. Wir halten uns daher nicht auf, sondern verfolgen die Fortsetzung nach Worms.

Auch diese hat keine wesentlichen Schwierigkeiten. Nach dem Lehenverzeichnisse des Kurfürsten Ruprecht III., beiläufig aus dem Jahre 1398, trugen die Grafen von Leiningen von Kurpfalz zu Lehen das Geleite „von Worms an die rechte Straße fer der nuwen Liningen hin, den holen weg uff und vor Seckenhausen uß, und über den Schorlenberg innen bis an die Eselsforte." Hiermit war die Hauptrichtung der Geleitsstraße genau bezeichnet, sie ging von Kaiserslautern über die Eselsfürth, dann auf den Schorlenberg und an dem Seckenhäuser Hof und Neuleiningen vorbei nach Worms.

Wir haben indessen Gründe, anzunehmen, daß für die Strecke von Kaiserslautern bis auf den Schorlenberg die Römerstraße eine etwas andere Richtung nahm, als die Geleitsstraße. Nach unserer Vermuthung ging erstere nämlich durch die Walddistrikte Kahlenberg und Quaitersberg, sodann zwischen den Distrikten Sölchen und Mittelwald hindurch, nördlich am Altenhof vorbei auf den Schorlenberg. Was uns hiezu veranlaßt, ist der wahrscheinlich nicht blos zufällige Umstand, daß diese Linie vom Ende des Quaitersberges an die Territorialgränze des ehemaligen Reichsgebietes von Kaiserslautern bildete, und zwar anfangs gegen die Gemeinschaft Frankenstein oder Hochspeier, und sodann gegen das

Gebiet der Burg Diemerstein. An dieser Linie hat vielleicht früher ein römisches Monument gestanden. Nach einer Gränzbeschreibung vom Jahr 1600 begann nämlich die Gränze zwischen dem dem Stifte Kaiserslautern gehörigen Waldbistrikte Kalkofen und dem Lauterer Stadtwalde „bei Storges bild am Spitalgut zu Lautern, beneben dem Enkenbacher Pfad, so von Lautern nach Enkenbach geht, ist ein breiter liegender Stein, so vor Zeiten ein Bild darauf gestanden".

Der Schorlenberg, über welchen sowohl die Geleits- als die Römerstraße führte, war im Mittelalter eine zu wichtige Gränzmarke, als daß wir nicht ihre Bedeutung durch einige Beispiele erläutern sollten. Nach dem Weisthum von 1417 ging die Gränze des Reichsgebiets von Kaiserslautern bis zu der krummen Birke auf dem Schorlenberge. Die Grafen von Leiningen trugen von Kurpfalz zu Lehen die Leute, die in ihre Grafschaft ziehen, sie mögen kommen über den Rhein her, oder den Rhein herab, über den Schorlenberg heraus oder den Rhein herauf. Ebenso heißt es in dem alten Weisthum von Landstuhl: Wär es sach, daß ein armer Mann gen Nanstein gehörig, sich wollt dem Herrn entziehen, der soll ziehen über die vier Endt des Landes aß, den einen über den Schorlenberg u. s. w. Aus diesen und vielen ähnlichen Bestimmungen ergibt sich unzweifelhaft, daß die Straße über den Schorlenberg im Mittelalter noch sehr besucht war. Als Schirmherren derselben hatten die Grafen von Leiningen nach dem Weisthum von Ramsen vom Jahre 1390 einen Theil des Waldhafers vom Stumpfwalde zu beziehen, „daß sie die Straße sollten helffen schirmen uff dem Schorleberge vor unfurtigen luten."

Jenseits des Schorlenberges führte die Geleits- und Römerstraße durch den heutigen Seeenhäuser Hof, neben Neuleiningen vorbei in die Rheinebene. In dem Dorfe Sausenheim, welches von der Straße durchschnitten wurde, haben sich früher Fundamente von Gebäuden und sonstige Alterthümer (Intell. Bl. 1823 S. 1314 und 1826 S. 585) vorgefunden, welche über den römischen Ursprung dieses Ortes keinen Zweifel lassen.

Zwischen Sausenheim und Worms finden wir nur noch in dem Namen auf der hohen Straße, welchen ein Felddistrikt zwischen

Rolgenstein und Dirmstein führt, eine Spur dieser ehemaligen Straße. Ob auch noch sichtbare Ueberreste vorhanden sind, ist uns nicht bekannt.

4. Straße vom Varuswalde bei Tholei nach Straßburg.

Die römische Niederlassung, deren Reste sich im Varuswalde, 1 Stunde östlich von Tholei, vorfinden, war nach den zahlreichen Straßen zu urtheilen, welche von ihr ausgingen, die weitaus bedeutendste der dortigen Gegend. Eine dieser Straßen, welche allem Anscheine nach die Verbindung mit Straßburg vermitteln sollte, führte auch in die Pfalz. Zwar sind hier die Anzeichen für ihre Existenz und Richtung nur spärlich, aber immerhin bedeutend genug, um die Mühe, die schwachen Spuren weiter zu verfolgen, zu lohnen.

Die von Schröter (Mittheilungen des historisch-antiquarischen Vereins für die Städte Saarbrücken und St. Johann) beschriebene, aus dem Varuswalde kommende Römerstraße führte bei Wibelskirchen über die Blies und sodann in der Richtung nach Mittelbexbach weiter. Diese Richtung deutet gerade auf Homburg hin, welches, wie wir in der III. Abtheilung erörtern werden, zu den Orten römischen Ursprungs zu rechnen sein dürfte. In der That bestand noch im Mittelalter eine directe Straße von Mittelbexbach nach Homburg; denn bei dem Abschlusse des sogenannten Bimbacher Abschieds vom Jahr 1616, welcher die damals zwischen der herzoglich zweibrückischen und der gräflich nassau-saarbrückischen Regierung bestehenden Differenzen ordnete, brachten die Räthe des Grafen von Nassau-Saarbrücken, dem damals Homburg gehörte, unter anderm auch die Beschwerde vor, daß Zweibrücken „die alte Landstraße von Mittelbexbach neben Kleinottweiler vor zerstört, und eine neue Straße durch Kleinottweiler angelegt habe, um dort von den Reisenden das Geleitsgeld zu erheben".

Verlängert man die Linie von Wibelskirchen nach Homburg, so zeigt sie an Kirberg und Oberauerbach vorbei nach dem Heidenberge bei Rieschweiler. Ob in dieser Richtung sich noch Spuren einer römischen Straße vorfinden, muß erst eine genauere Untersuchung lehren. Wenigstens waren früher in der Nähe von Kirberg Reste von römischen Gebäuden vorhanden, wie sich aus Tilemann Stella ergibt, der bei der Beschreibung dieses Thales sagt:

44. Gebweiler liegt oben über Kirberg, am Anfang der Haimbach, ist auch etwan ein hoff gewesen, nit weit davon ist Scheblingen gelegen, sein Born ist noch vorhanden.

45. Nit weit darvon und darunter liegt auch ein alt verfallen gebew, das nennen sie die Heidenburg, der born unten daran wird auch der Heidenborn genannt.

46. In der Weltersbach findt man noch zwey alte gefengniß, eines ist unter einem felsen in den Grund gebawet, das ander liegt am rech im walbt, man findt noch die Stück mauren darvon, ist daselbst gar ein wüster Ort und loch.

Auch bei Oberauerbach lassen sich vielleicht noch Spuren römischer Ansiedelungen auffinden. Tilemann Stella sagt nämlich weiter:

Bei dem Kellersborn und Gotzelsborn gegen Oberauerbach über, findet man auch noch alte mauren und anzeigung von alten Gebäw.

Ist unsere Vermuthung richtig, so muß die Römerstraße bei dem Heidenberge über den Schwarzbach, und über Höhmühlbach gegen Pirmasens und Lemberg geführt haben. Auf dieser Linie und zugleich an der Kreuzung einer andern Straße liegt der Staffelhof, der, wie in der Einleitung erörtet wurde, vermuthlich von einer Relais-Station (stabulum) den Namen hat.

Bei dem Mangel an Lokalkenntniß müssen wir uns bezüglich der Fortsetzung dieser Straße, deren nächstes Ziel wahrscheinlich Altenstadt bei Weißenburg war, auf die Andeutungen beschränken, welche wir bei der Burg Lemberg geben werden und können nur den Wunsch beifügen, daß die k. Forstbeamten zu deren Begang dieses Waldgebirge gehört, sich veranlaßt finden möchten, diesem Gegenstande ihre Aufmerksamkeit zuzuwenden.

5. Straße vom Varuswalde nach Kreuznach.

Eine andere aus dem Varuswalde kommende Römerstraße ist jene, welche von der Burg Lichtenberg (hinter Kusel) über die Höhe hinter Körborn nach Ulmet zog, sodann das Glanthal bis Odenbach verfolgte und von hier wieder quer durch das Land über Feil und Ebernburg nach Kreuznach und vielleicht weiter nach Mainz führte. Von ihr haben sich auf der Höhe hinter Körborn noch sichtbare Spuren erhalten. Die an dieser Straße liegenden Orte, welche nach unserer Vermuthung aus römischen Ansiedelungen entstanden sein dürften, sind folgende:

1. Das Dorf Ulmet, welches seinen Namen offenbar von dem lateinischen Ulmetum (Ulmengebüsch oder Ulmenwald) ableitet.

2. Das Dorf Gumbsweiler, wo schon viele römische Alterthümer ausgegraben wurden.

3. Das Dorf St. Julian. Dasselbe liegt zwar auf der andern Seite des Glans, ist jedoch, wie die im Schulhause eingemauerten behauenen Steine und Inschriften nachweisen, unzweifelhaft römischen Ursprungs, wenn auch die Behauptung, daß es vormals forum Julii geheißen, allzu gewagt sein dürfte.

4. Die Kirche zu Hirschau, oder, wie sie 1289 genannt wird, die Kirche zu Hornesau, ursprünglich die Pfarrkirche für das ganze Eßweiler Thal. Was uns zu dieser Vermuthung veranlaßt, ist der Umstand, daß man schwerlich die Pfarrkirche an den entlegensten Punkt der Pfarrei gebaut haben würde, wenn nicht schon die Reste eines hiezu brauchbaren Gebäudes vorhanden gewesen wären. Ob die Lage der Kirche diese Vermuthung bestärkt, ist uns nicht bekannt.

5. Die Burg zu Lauterecken, welche als Tiefburg ihren römischen Ursprung verräth. Ob auch der Ort Lauterecken zu den römischen Niederlassungen zu rechnen sei, ist dagegen zweifelhaft. 1343 wird er noch ein Dorf genannt, 1384 dagegen war er eine Stadt mit Ringmauern.

6. Der eingegangene Hof Nordhausen oder wie er 1387 genannt wird, Nyrthausen, später auch der Wüsthauser Hof genannt. Er soll beiläufig $1/4$ Stunde unterhalb Lauterecken am Glan gelegen haben. Dem Vernehmen nach hat man daselbst in

neuerer Zeit mehrere entschieden römische Alterthümer ausgegraben.

7. Das Dorf Obenbach am Glan, ehemals ein mit Wall und Graben befestigter Ort, der in einem massiven steinernen Thurme, die Warthe genannt, ohne Zweifel einen Ueberrest aus der Römerzeit besitzt. Obenbach scheint früher eine größere Bedeutung gehabt zu haben, denn von hier ging auch eine Straße nach Trier ab, welche zunächst auf die Hub, eine durch zahlreiche römische Alterthümer bekannte Bergplatte, und sodann nach Breunchenborn führte, weiter (nach den Erhebungen von Schmidt) bei der Burg Frauenberg, südlich von Oberstein, die Nahe überschritt, und sich zwischen Kirchberg und Simmern mit der großen Militärstraße vereinigte, welche von Trier nach Mainz führte.

6. Straßen auf der Süd- und Ostseite des Donnersbergs.

Wir fassen die Römerstraßen, von denen sich auf der Süd- und Ostseite des Donnersberges Spuren vorfinden, hier zusammen, weil ihr Ausgangspunkt zur Zeit noch nicht ermittelt ist, wir daher sie anderwärts einzutheilen uns noch außer Stande sehen.

Daß schon im frühesten Mittelalter auf der Südseite des Donnersberges eine besuchte Handelsstraße vorbeigeführt haben muß, darüber lassen die alten Urkunden keinen Zweifel übrig. Die benachbarten Herrn von Hohenfels, welche mit der Zerstörung ihrer Stammburg im Jahre 1350 aus dieser Gegend verschwinden, hatten darauf das Geleite „von Stuth an bis gen Frossawe, ein mile wegs lang." Dieses Stuth, oder, wie es gleichfalls genannt wird, Stuternheim, ist ein längst eingegangener Ort, welcher in der Nähe des heutigen Theresienhofs bei Börrstadt gelegen gewesen sein muß; unter Frossawe aber ist der heutige Froschauer Hof bei Marnheim zu verstehen, welcher früher ein Dorf gewesen zu sein scheint, weil das Kloster Hornbach schon in den ältesten Zeiten eine Pfarrkirche daselbst besaß. Allmählig jedoch wurde dieses Geleitsrecht, welches ursprünglich nur eine Meile Wegs umfaßte, so ausgedehnt, daß es, statt erst bei Stuth, schon in der

Nähe von Alsenbrück anfing. Bei dem Volke erhielt daher der Platz, wo es seinen Anfang nahm, den Namen „die lange Wolke."

Hierdurch ist die Richtung der alten Geleitsstraße auf eine längere Strecke festgestellt; sie lief von dem heutigen Dorf Langmeil über Standebühl bis zum Froschauer Hofe bei Marnheim, hielt sonach genau den Zug der heutigen Kaiserstraße ein. Auch das Endziel derselben kann nicht zweifelhaft sein; es war Worms, wohin die Straße über Albisheim führte. Dagegen ist ihr Ausgangspunkt noch unbekannt; nur so viel ist gewiß, daß sie aus der Gegend von Otterberg kam; dieses ergibt sich nicht nur aus der Richtung derselben, sondern auch aus einem Gränzumgange der Gemeinde Alsenbrück vom Jahr 1476, nach welchem die Gränze gegen Winnweiler am breiten Felde, an der Straße von Otterberg nach Steintenbühl ihren Anfang nahm.

Für die erwähnte Straßenstrecke scheint ein Wartthurm bestimmt gewesen zu sein, welcher sich am südlichen Abhange des Donnersberges befand, und dessen Stelle heute noch unter dem Namen des grauen Thurmes bekannt ist.

Das auf dieser Linie liegende Dorf Standebühl verdient besondere Beachtung, nicht nur, weil der alte Namen Steinottenoder Steinechtenbühel auf einen Hügel mit Mauerwerk deutet, und weil, obgleich der Platz für eine Burg völlig ungeeignet ist, noch im 11. Jahrhunderte ein den Herrn von Bolanden gehörige Burg hier vorhanden war, sondern auch, weil es den Kreuzungspunkt einer andern Straße gebildet zu haben scheint. Von hier ging nämlich eine Straße nach Alzei ab; es ist daher zu vermuthen, daß dieselbe gegen Südwesten eine Fortsetzung gehabt habe.

Diese Alzeier Straße, auf welcher Kurpfalz zufolge eines mit dem Grafen von Nassau abgeschlossenen Vertrags das Geleite von Standebühl bis Alzei hatte, führte zunächst nach Weitersweiler. In dieser Richtung dürfte der Heidenbau zu suchen sein, den das alte Weisthum von Steinbach erwähnt; nach demselben lief nämlich die Gemarkungsgränze „von dem weg, der da geht von Jaxweiler (Jakobsweiler) gegen Steintenbohell bis in das getzenloch, da stet eyn stein, herüber gen dem Heydenbawen, darnach daselbst aber bis zu der Zeller wysen".

Von Weitersweiler scheint die Straße an der Burg Bolanden vorbei nach dem Klosterhof, dem Reste des ehemaligen, schon im Jahre 1129 gegründeten Klosters Hane, sodann nach dem Ebenborner Hofe geführt zu haben, welcher 1214 Ibenaburnen, gewöhnlich aber, vermuthlich, weil er in bereits vorhandene alte Mauern hineingebaut wurde, Altmauerhof genannt wird. Jenseits Bischheim bei Kirchheimbolanden, wo das Thal des Leiselbachs überschritten wurde, folgt eine Anhöhe, Entenpfuhl genannt, auf welcher nach einer Volkssage ehemals ein Schloß gestanden sein soll.

Der letzte Punkt dieser Straße auf bayrischem Gebiete ist das Dorf Ilbesheim auf dem Gleichen, welches noch im Mittelalter Reste römischer Gebäude gehabt zu haben scheint. In einer Urkunde vom Jahr 1385, worin der Ritter Sifried Schneeberg von Wartenberg verschiedene von der Grafschaft Falkenstein lehenrührige Güter zu Ilbesheim an das Kloster auf dem Donnersberge verkaufte, kommen nämlich unter anderen Gütern vor: „5 Morgen, die stoßent auf die Herstraße, sodann die Steinmauern und den Hof mit seiner Zubehörung, der vor Zeiten Herrn Gernods, des Lupriesters, war, und auch den Garten und die Hofstatt und das Gemäuer, das man nennet Hugelsteins Garten." Daß aber unter Steinmauern und Gemäuer in alten Urkunden gewöhnlich Reste römischer Gebäude zu verstehen sind, haben wir bereits in der Einleitung erörtert.

Dritte Abtheilung.

Einzelne römische Stationen und Niederlassungen.

1. Albisheim an der Pfrim.

Wir haben schon in der Einleitung Albisheim als ein Beispiel für die Anlage der römischen Flecken aufgeführt. Neben der bürgerlichen Niederlassung, welche den Flecken bildete, befand sich das zu ihrem Schutze dienende Kastell, aus welchem eine schon im Jahre 835 vorkommende Königspfalz entstanden ist. Dasselbe lag zwischen dem heutigen Dorfe und der Steinmühle, ist jedoch bis auf die Fundamente, welche von Zeit zu Zeit ausgegraben werden, völlig verschwunden. Dagegen heißt die unterhalb der Steinmühle gelegene Wiese noch jetzt der Heidengarten.

Von Albisheim gingen in verschiedenen Richtungen Verbindungsstraßen aus. Jene nach Norden ist am wenigsten zu verkennen; sie führte von dem Kastelle durch das Thal des Leiselbachs nach Stetten, wo sie in die Straße von Kaiserslautern nach Oppenheim einmündete. In dieser Richtung, bis an die Pfortmühle, wurden schon so häufig Fundamente von Gebäuden ausgegraben, daß sich die Sage gebildet hat, Albisheim sei früher eine Stadt gewesen, und habe sich bis hierher erstreckt. Namentlich auf dem nach Westen gekehrten Abhange, in einem früher dem Bürgermeister Schloßstein von Albisheim gehörigen Aecker sollen massive, durch Pfeiler verstärkte Stützmauern und Reste einer Wasserleitung gefunden worden sein. Die Pfortmühle, in den ältesten Urkunden Furtmühle genannt, beweist durch ihren Namen, daß der Leiselbach hier nicht durch eine Brücke, sondern nur mittelst einer Furt passirt wurde. Auch jenseits derselben, in der Gewann in der Benn wurden schon römische Gräber gefunden.

In der Richtung gegen Süden bestand gleichfalls, wie der Namen Burgweg andeutet, eine Verbindung, allein wohin sie ging, wäre noch näher zu ermitteln. Daß auch in östlicher Richtung, durch das Thal der Pfrim eine Straße nach Worms führte, wird man bei der Nähe dieser wichtigen Römerstadt als sicher annehmen dürfen.

2. Altenglan.

Das heutige Dorf Altenglan, in Urkunden des 10. Jahrhunderts Gleni genannt, bildet ein von einem Graben umschlossenes Viereck, scheint sonach einer römischen Niederlassung seinen Ursprung zu verdanken. Im Orte selbst hat man zwar, so viel bekannt ist, noch keine römischen Alterthümer gefunden, wohl aber in der nächsten Umgebung: so wurden in der Gobersbach, einem Thale gegen Friedelhausen, im Jahre 1812 alte Mauern und ein Stein mit einer weiblichen Figur, im Jahre 1820 aber am sogenannten Heidengraben gegen Patersbach verschiedene kleinere Alterthümer ausgegraben (Int. Bl. 1822 S. 527, 1823 Nr. 1).

Von den Straßen, welche von hier ausgingen, hat Hansen (Jahrbücher des Vereins von Alterthumsfreunden im Rheinlande, X S. 11) eine nachgewiesen. Sie führte nach seiner Beobachtung von Konken (im Latein des Mittelalters Concha genannt) über Niederkirchen (in den ältesten Urkunden Osterna) nach Werschweiler, sodann über die Werschweiler Höhe auf der Wasserscheide fort nach dem Himmelwalde und nach Ottweiler, welches auf der Kreuzung mehrerer Straßen lag. Hausen hat zwar diese Straße nur von Konken aus verfolgt, allein da die Richtung derselben auf Altenglan deutet, so zweifeln wir nicht, daß sie schon von hier ausging. Ja, es hat sogar den Anschein, als ob diese Straße sich in derselben Richtung noch weiter fortsetzte. Die in diese Linie fallenden durch römische Alterthümer bemerkenswerthe Orte sind folgende;

1. Der Hermes= oder Hermannsberg und das benachbarte Dorf Horschbach. Daß zwischen beiden eine römische Niederlassung bestanden hat, beweisen die hier, gefundenen Kapitäle von Säulen, Statuen, Gemächer mit bemahlten Wänden u. s. w., und daß dazu ein Kastell auf dem Hermansberge gehörte, zeigt der Namen Castelweg, welcher sich für einen Walddistrikt erhalten hat. (Int. Bl. 1824 S. 724 und 1260, 1826 S. 585, 1827 S. 254 und 269, 1828 S. 75.)

2. Das Dorf Aschbach, wo an der östlichen Seite des Dorfes im Jahre 1828 angeblich ein römisches Bad, wahrscheinlich aber nur das Hypokaustum eines Wohnhauses ausgegraben wurde.

3. Das Dorf Reipolzkirchen, dessen schon in den ältesten Zeiten vorkommende Tiefburg vermuthlich römischen Ursprungs ist. Von hier aus zieht, genau in der bisherigen Richtung, die Gemarkungsgränze in einer geraden Linie auf den Roßberg, von welchem wir besonders handeln werden. Man scheint daher die alte Römerstraße als natürliche Gränzlinie angenommen zu haben.

Das Endziel dieser Straße, wenn sie sich überhaupt nachweisen läßt, war ohne Zweifel Kreuznach.

Auch die Richtung von Altenglan nach Kaiserslautern verdient eine nähere Untersuchung. Die hier bemerkenswerthen Punkte sind:

1. Der Straßwald auf der Nordostseite des Potzbergs, dessen Namen auf eine Straße deutet,

2. die Heidenburg bei Oberstaufenbach, der Fundort zahlreicher und interessanter Alterthümer,

3. der Heidenberg bei Schwedelbach, und

4. die Heideköpfe südlich von Robenbach.

3. Altenstadt bei Weißenburg.

Wenn auch Altenstadt, wie wir nachgewiesen zu haben glauben, nicht an der großen Militärstraße lag, welche von Straßburg über Bingen nach dem Niederrheine führte, so war es doch einer der bedeutenderen römischen Orte in dieser Gegend. Dieses wird nicht nur durch die zahlreichen Alterthümer, welche man früher und noch in der jüngsten Zeit bei dem Baue der Eisenbahnbrücke über die Lauter gefunden hat, sondern auch durch die beiden Römerstraßen bewiesen, welche nach den Untersuchungen von Morlet von Wörth und von Selz dahin führten. Daß dagegen Altenstadt unmöglich die Station Concordia sein könne, welche im Itinerar des Antoninus auf der Route von Strasburg nach Bingen, und sobann bei der Beschreibung des Krieges der Römer mit den Alemannen vom Jahre 357 genannt wird, wie Schöpflin vermuthet, ergibt sich aus der Erwägung, daß Altenstadt gar nicht an der erwähnten Straße lag.

Von den Römerstraßen, welche von Altenstadt aus in das k. bayr. Gebiet führten, dürften zwei noch jetzt nachweisbar sein:

a. Straße nach Billigheim. Die alte Geleitsstraße ging von Billigheim „neben Mühlhofen durch den Gassart (Baßort) nach Barbelroth, und fürter über die Dierbacher Brück durch den Eulengrund an den Heckweg auf Altenstadt hin." Nach diesen noch jetzt gebräuchlichen Benennungen ging diese Straße, welche dermalen noch als Feldweg dient, und nur auf eine kurze Strecke zwischen der Brücke über die Dierbach und dem Heckwege unterbrochen ist, zwischen dem Haftelhofe und dem Dorfe Kapsweiher hindurch nach Altenstadt. Südlich vom Heckweg heißt dieser Feldweg noch jetzt die alte Straße.

b. Straße nach Rheinzabern. Sie führte entweder durch die Orte Schweighofen, Kapsweiher, Steinfeld und Schaidt, oder wenigstens in ihrer nächsten Nähe vorbei, sobann nördlich von Freckenfeld, Minfeld und Kandel nach Rheinzabern. Die Anzeichen, welche für diese Verbindung sprechen, sind folgende:

1. Die Straße von Altenstadt bis Schaidt wird in dem beiläufig aus dem 14. Jahrhundert stammenden Weisthum der

Königs- und St. Petersleute die hohe Straße genannt; diese Benennung deutet aber, wie in der Einleitung bemerkt, auf römische Straßen.

2. Das Dorf Minfeld, schon 982 unter dem Namen **Muudivelt** vorkommend, soll früher mit Wall und Graben umgeben gewesen sein, könnte diese Befestigung also noch aus der Römerzeit haben. Für die auf der Südseite des Dorfs befindlich gewesene, von einem Wassergraben umgebene Burg wagen wir dieses Alter nicht in Anspruch zu nehmen, da dieselbe erst im Anfange des 15. Jahrhunderts von einem Grafen von Leiningen erbaut wurde. Indessen wäre es immer noch möglich, daß schon Reste einer früheren Burg vorhanden waren, welche für den Neubau benützt wurden.

3. Zwischen Kandel und Minderslachen, links von der heutigen Straße, sollen früher ein Merkur und Legionsziegel ausgegraben worden sein. (Zeitschrift des Vereins von Alterthumsfreunden im Rheinlande II S. 162.) Ob jedoch die Fundstätte in die Richtung unserer Straße fällt, ist uns nicht bekannt.

4. Besondere Beachtung dürfte der Feldbistrikt Holderbühl, nordöstlich von Kandel, verdienen, weil sein alter Namen Hulbeburg auf Reste von Gebäuden schließen läßt. Zum Beweise für diesen Namen dient eine Urkunde des Bischofs Ludwig von Speier vom Jahre 1479, worin er dem Heinrich von Otterbach verschiedene Güter zu Kandel und Minderslachen, darunter auch 38 Morgen Aecker auf der Huldeburg zu Lehen reichte.

Ueber die sonstigen Verbindungen von Altenstabt herrscht noch tiefes Dunkel. Daß längs des Gebirges keine bedeutendere Straße hinlief, ist gewiß; selbst die Verbindung mit Bergzabern, welche doch ohne Zweifel vorhanden war, läßt sich jetzt nicht mehr mit Sicherheit nachweisen; denn unsere Vermuthung, daß der Feldweg, das Reitergässel genannt, welcher beiläufig $\frac{1}{4}$ Stunde östlich von Oberotterbach beginnt, und sich genau in nördlicher Richtung, meistens als tiefer und schmaler Einschnitt, fortsetzt, der Rest eines solchen Verbindungssträßchens sei, wird durch keine andere Gründe unterstützt. Ebenso sind es zur Zeit nur solche Anzeichen, welche für eine Verbindung mit Klingenmünster sprechen; sie bestehen nur in dem östlich von Bergzabern bei dem ehemaligen

Gutleuthause vorbei, im Wiesendistricte Hoffert über die Erlenbach, weiter bis an das östliche Ende des Dorfes Oberhofen führenden, großentheils in Einschnitten bestehenden Wege.

Endlich liegen noch Andeutungen vor, daß von Altenstadt aus auch eine Straße nach dem Rheinübergange bei Neuburg geführt habe. Sie finden sich in einem Vergleiche, welchen Kurpfalz und das Bisthum Speier im Jahr 1491 über verschiedene Differenzen, darunter auch wegen des Geleites auf der Straße von Neuburg nach Weißenburg, „welche die Pfalzgräfischen die Heerstraße, die Speierischen den Fischerpfad nennen" abgeschlossen haben. Welcher Weg damit gemeint sei, ist uns nicht bekannt.

4. Altstadt bei Limbach.

Altstadt, gegenüber von Limbach an der Blies, oder, wie es in einer Urkunde vom Jahr 1434 genannt wird, Limbach die alte Stadt, ist nicht nur durch den Namen, sondern auch durch die zahlreichen Alterthümer, welche man früher hier gefunden hat, als römische Ansiedelung legitimirt. Namentlich sollen sich auf den Anhöhen gegen Westen zahlreiche Fundamente vorfinden.

Daß Altstadt an der großen Straße von Metz nach Worms lag, und daß diese vom Sengscheider Hofe, also südlich von St. Ingbert herkam, ist oben bei der Beleuchtung dieser Straße erörtert worden. Es hat indessen den Anschein, als ob, beinahe parallel mit dieser, eine andere Straße von Limbach über St. Ingbert nach Saarbrücken und weiter gegen die Mosel geführt hätte. Wir schließen dieses nicht nur aus einem Vertrage, welcher im Jahre 1386 zwischen den Herrn des Westrichs zum Schutze der Handelsstraße von Limbach an der Blies bis gen Schengen (?) an der Mosel vereinbart wurde, sondern auch aus anderen Urkunden, nach welchen das zum Reichslehen der Herrschaft Kirkel gehörende „Geleite zu Limbach auf der Straßen" sich bis auf das Rennfeld bei St. Ingbert erstreckte. Dieses Rennfeld, dessen Lage wir nicht zu ermitteln vermochten, erinnert an die Rennstraße, d. h. an die vom Varuswalde ausgehende Römerstraße, welche sich bei Stennweiler theilte, und in dem einen Arme nach dem Heerappel bei Forbach, und in dem andern nach Neunkirchen führte.

Da es von Interesse ist, festzustellen, ob in der That zwei Straßen von Altstadt in westlicher Richtung abgingen, oder ob etwa die Römerstraße bis gegen Rohrbach benützt, und erst von da nach St. Ingbert abgebogen wurde, so fügen wir dasjenige bei, was Tilemann Stella über die Gränze des ehemaligen Herzogthums Zweibrücken in dieser Gegend sagt:

Von da geht die Gränze in Volkerstircher Tal, auf den wegt, der von Volkerskirchen (Neuhäusel) nach Furpach (Forbacherhof) geht, und dann wiederum bergan durch den waldt auf den Heidenhoff, auf die hohe Straß, die von Morbach nach Limbach geht. Auf der linken Handt bleibt als die Furpacher Hoheit, aber auf der rechten Handt der Kirkeler und Limpacher gemein bann.

Von sonstigen Straßen, welche von Altstadt ausgingen, hat Hansen (Jahrbücher des Vereins von Alterfreunden u. s. w. K S. 12) eine erwähnt. Sie führte über den Forbacher Hof, an Neunkirchen vorbei nach dem bereits erwähnten Baruswalde bei Tholei. Daß auch mit dem benachbarten Kirkel, mit Schwarzenacker und mit Homburg Verbindungen bestanden, kann man als selbstverständlich annehmen.

---

5. Bergzabern.

Für den römischen Ursprung der Stadt Bergzabern spricht nicht nur der alte Namen Zabern (**Tabernae**), sondern auch ihr frühes Vorkommen als Stadt, und ihre ganze Anlage. Sie ist nämlich nach der römischen Vorschrift in Quadrate eingetheilt und mit einer massiven, durch Halbthürme unterbrochenen Mauer umgeben; die nordöstliche Ecke dieser Umfassung wurde von der alten, mit Wassergräben umgebenen Burg eingenommen, von welcher der vordere Theil, wenn auch in völlig veränderter Form noch vorhanden ist.

Welche Verbindungen Bergzabern mit den übrigen römischen

Orten hatte, ist, da es hiezu noch an allen Anhaltspunkten fehlt, eine schwer zu lösende Frage. Wir sehen uns daher nur auf Vermuthungen beschränkt, welche sich aus der Anlage der Stadt selbst ergeben. Diese liegt nämlich nicht genau in der Richtung des Thales, welches sie einnimmt, also von Westen nach Osten, sondern ist, ohne daß aus lokalen Ursachen ein Grund ersichtlich wäre, mehr nach Südwest und nach Nordost gekehrt; in diesen beiden Richtungen werden daher auch ihre Verbindungen zu suchen sein.

Verfolgt man zunächst die nordöstliche Richtung, so führt sie nach Niederhorbach, Ingenheim und Billigheim, welches an der großen Militärstraße von Strasburg nach Bingen lag. Hier scheint daher die Verbindungsstraße von Bergzabern eingemündet zu haben; möglicher Weise setzte sie sich jedoch auch noch weiter fort. Die Verlängerung der angegebenen Linie über Insheim und Ottersheim zeigt nämlich auf jenen Punkt der Rheinstraße, wo diese plötzlich eine kleine Biegung macht, gerade, als ob hier eine andere Straße von ihr abgegangen wäre. Würde sich diese Straße über Insheim und Ottersheim nachweisen lassen, so wäre Bergzabern mit Speier direct in Verbindung gestanden.

Die südwestliche Richtung von Bergzabern bezeichnet ein Weg, welcher im Mittelalter noch vielfach besucht war, der Weg nach der Reichsburg Guttenberg. Diese Burg, zu welcher eine große Anzahl von Dörfern gehörte, liegt auf einer hohen Bergspitze, mitten im Waldgebirge, beiläufig 1½ Stunde vom nächsten Dorfe entfernt. Ihr römischer Ursprung wird nicht nur durch ihre Eigenschaft als Reichsburg, sondern auch durch die Erwägung wahrscheinlich gemacht, daß man im Mittelalter an einem so entlegenen Punkte kaum eine neue Burg gebaut haben würde.

Ob von der Burg Guttenberg eine Straße weiter geführt habe, müssen wir Anderen zur Prüfung überlassen. Die Richtung deutet auf Bitsch, welches nach den zahlreichen, dorthin gerichteten Straßen zu urtheilen, zur Zeit der Römer ein höchst wichtiger Punkt gewesen sein muß.

Wir können die Reichsburg Guttenberg nicht verlassen, ohne auch eines andern, vielleicht römischen Weges zu gedenken. Derselbe führt in östlicher Richtung auf dem südlich von Oberotterbach hinziehenden Hügelrücken in die Ebene. Er heißt der Leitweg, offenbar, weil er im Mittelalter ein Geleitweg war. An ihm liegt, beiläufig 1/2 Stunde unterhalb Oberotterbach, der sogenannte Heidenkirchhof, ein römischer Begräbnißplatz, bei welchem im Jahre 1818 steinerne Särge, alterthümliche Gefäße und Fundamente eines Gebäudes, angeblich eines Tempels, ausgegraben worden sind. Beiläufig in der Mitte zwischen der Burg Guttenberg und diesem Leitwege, nämlich auf dem Wege von Guttenberg nach Oberotterbach, finden sich an einigen Stellen des Hohlweges noch Reste eines Pflasters.

6. Blieskastel.

Ob Blieskastel römischen Ursprungs sei, ist noch gegenwärtig eine bestrittene Frage. Schmitt in seiner Abhandlung über die Römerstraßen der k. preuß. Rheinprovinz läugnet sie, Dr. Schröter dagegen bejaht sie, indem er sogar einige dahin gerichtete Römerstraßen nachweist.

Wir schließen uns der letztern Ansicht an, weil das **Castrum Blesiacum** schon im Jahre 960, also zu einer Zeit erwähnt wird, wo der Bau neuer Burgen noch nicht üblich war. Zwar sind daselbst, so viel bekannt, noch keine römischen Alterthümer gefunden worden, allein dies darf uns nicht wundern, da von dem alten Castrum in Folge der Bauten und Veränderungen, welche die Erzbischöfe von Trier und die Grafen von der Leyen vorgenommen haben, längst die letzten Reste verschwunden sind.

Nach Dr. Schröter führte eine Römerstraße in der Richtung der heutigen Saargemünder Straße gegen Biesingen, wo sie sich theilte. Ein Arm ging durch die Felder von Ommersheim und Heckendalheim, sodann durch die Walddistrikte Staffel und Hufeisen nach Bischmisheim und weiter nach Güdingen an der Saar, wo sich eine Brücke befand. Der andere Arm führte über Aßweiler, oberhalb Ormsheim an der Kapelle vorbei nach dem Hunacker Hof und nach Auersmacher, von da an die Brücke über die Blies in der Nähe von Saargemünd. Der in diese Linie fallende Hunacker

Hof verdient nähere Beachtung, weil er wahrscheinlich der Platz ist, auf welchem im Mittelalter das sogenannte Hungericht, b. h. das Hochgericht für die Orte Hablirchen, Bebelsheim, Wittersheim, Erfweiler, Ehlingen, Rubenheim, Ballweiler und Gelbach gehalten wurde. Da man nämlich in den ältesten Zeiten die Gerichte gerne neben den Landstraßen hielt, so würde dieses zur Bestätigung jener Straßenrichtung dienen.

Bei dem Wirthenhölzchen, ½ Stunde von Blieskastel sollen sich noch Reste einer römischen Straße vorfinden. (Int. Bl. 1822 S. 27) In den Speciallarten ist dieses Hölzchen nicht angegeben, wir wissen daher nicht, ob jene Reste zu der erwähnten Straße gehören.

Ueber die Verbindungen von Blieskastel mit Kirkel und mit dem Schwarzenacker wird bei diesen Orten das Nöthige bemerkt werden.

———

7. Deidesheim.

Schon in der Einleitung wurde Deidesheim zu den ursprünglich römischen Städten gerechnet. Ihre Anlage, die in die Stadtmauern eingeschlossene Burg, und die zahlreichen Alterthümer, welche hier gefunden worden sind, (Int. Bl. 1820 S. 485, 1830 S. 348) dürften dieses hinreichend beweisen. Zwar ist aus der Geschichte bekannt, daß Kurpfalz 1415 gegen den Bau der Stadtmauern zu Deidesheim Einsprache erhob, allein da Deidesheim schon 1250, wo es von König Konrad erobert und zerstört wurde, eine Stadt genannt wird, so kann es sich damals nicht von neuen, sondern nur um die Wiederherstellung der alten Stadtmauern gehandelt haben. Ob dagegen die römische Station Ruffana, deren Ptolemäus gedenkt, hier zu suchen sei, müssen wir dahingestellt sein lassen.

Auch die nächste Umgebung von Deidesheim ist reich an römischen Alterthümern. Wir erinnern vor Allem an die Hohburg, in der Richtung gegen Ruppertsberg gelegen, welche als Fundort vieler und interessanter Steindenkmäler (Int. Bl. 1821 S. 484) allen Freunden der Geschichte hinreichend bekannt ist. Dieselbe scheint ungeachtet ihres Namens, welcher an ein Kastell erinnert, keinen kriegerischen, sondern nur einen friedlichen Zweck gehabt zu haben, da von den gefundenen Votivsteinen keiner den Namen eines Soldaten enthält. Auch in der Richtung gegen das Gebirge, am sogenannten Reiterpfade, soll sich ein regelmäßiges, aus Steinmassen gebildetes Viereck vorfinden, welches für römisch gehalten wird (Int. Bl. 1827 S. 376).

Daß Deidesheim an der großen Römerstraße von Strasburg nach Bingen lag, ist bereits erwähnt worden. Von den sonstigen, von hier ausgehenden Straßen werden wir jene nach Speier bei diesem Orte behandeln, und hier nur die Verbindung mit Worms und den sogenannten Martenweg näher betrachten.

Die Existenz einer directen Verbindung zwischen Deidesheim und Worms wird nicht nur durch die Richtung von Lambsheim, welche einerseits nach Worms, und anderseits nach Deidesheim oder Neustadt zeigt, sondern auch durch den Umstand, daß noch im Mittelalter eine Straße über Friedelsheim und Lambsheim nach Worms bestand, auf welcher Kurpfalz das Geleitsrecht besaß, und endlich durch den zwischen beiden Orten vorkommenden Namen der alten Wormser Straße beinahe zur Gewißheit erhoben. Diesen Namen führt nämlich der von Friedelsheim in nördlicher Richtung gegen den sogenannten Bruchbuckel, den Fundort zahlreicher Alterthümer, abgehende Feldweg. Im Bruche selbst war früher noch eine Römerstraße als ein schmaler Damm sichtbar, bis die Einwohner von Gönheim, denen dieser Theil des Bruchs gehört, ihn in den Jahren 1819 und 1820 zur Erhöhung ihrer Wiesen abtrugen. Ob dieses der Rest der Wormser oder einer andern Straße war, ist uns jedoch nicht bekannt.

Daß Lambsheim zu den römischen Städten zu rechnen sein dürfte, glauben wir schon in der Einleitung nachgewiesen zu haben. Es kömmt schon im Jahre 1329 als oppidum **Lammesheim** vor, ohne daß man weiß, wer es zur Stadt gemacht oder die im Jahre 1471 niedergerissenen Stadtmauern gebaut hat.

Vorzüglich ihrer Namen wegen verdienen der Martenweg (von Deidesheim nach Niederkirchen) und der Martenberg, auf welchem sich eine jener runden Verschanzungen oder Ringmauern befindet, über deren Zweck und Ursprung man noch nicht einig ist, unsere Beachtung. Beide scheinen nämlich entweder von dem Kriegsgotte Mars, oder von den in Altrip stationirt gewesenen Martensern den Namen zu haben. Für die erstere Annahme spricht der in Deidesheim gefundene, dem genius Martis geweihte Denkstein (Int.-Bl. 1830 S. 348), für die letztere der Umstand, daß der Martenweg die Verbindung mit Altrip vermittelt zu haben scheint, denn Niederkirchen, welches auf dieser Linie liegt, hat einen nach der Volkssage noch aus der heidnischen Zeit stammenden Kirchthurm, und östlich von dem Dorfe heißt ein Felddistrict am Schloßberge, obgleich die Geschichte von einem Schlosse an dieser Stelle nichts weiß, zwischen Hochdorf und Dannstadt, südlich von Assenheim, aber kömmt an einer Stelle, welche in diese Linie fällt, schon 1399 der Namen am Steinwege vor. In der Gemarkung von Hochdorf werden in alten Urkunden auch Güter an der Spilburg und an der Spilgasse genannt, woraus man vielleicht auf einen ehemaligen Wartthurm (Spiegelburg) schließen darf.

8. Ebernburg.

Die Römerstraßen, welche von der sogenannten Heidenmauer bei Kreuznach in südwestlicher Richtung abgingen, mußten, weil die Nahe hier von hohen und steilen Felsen eingeschlossen ist, bis Ebernburg im Thale bleiben und konnten erst hier die Höhe erreichen. Dieses geschah durch einen Weg, welcher von dem Dorfe Ebernburg auf der Westseite des Schlosses allmählig auf das Plateau führt. Das Dorf Ebernburg, ehemals ein mit Wall und Graben umgebener Flecken, sowie das dortige, durch Franz von Sickingen berühmt gewordene Schloß dürften daher römischen Ursprungs sein.

Wir haben bereits in der zweiten Abtheilung die Römerstraße erwähnt, welche von Ebernburg über Feil und Hallgarten nach Odenbach am Glan, und von da theils über die Hub in die Gegend von Trier, theils am Glan aufwärts gegen den Baruswald führte. In Feil oder Hallgarten scheint von dieser Straße eine Abzweigung abgegangen zu sein, welche über den Dreiweiherhof, die Burg Löwenstein, sodann an Niedermoschel und Ranbeck vorbei, durch den Weidelbacher Hof in die Gegend des Stahlbergs zog. Auf dieser Route verdient besonders die Burg Löwenstein unsere Aufmerksamkeit. Diese Burg besteht nur aus einem drei Stockwerke hohen Wohngebäude, welches an der tiefsten Stelle des Thales dicht an den vorbeiführenden Weg so hingebaut ist, daß man nach Belieben vorbei, oder hindurchfahren konnte. Auf den ersten Blick muß einleuchten, daß dieses sonderbare Gebäude unmöglich als eine Ritterburg gebaut worden sein kann; dazu fehlen alle Erfordernisse, auf welche man im Mittelalter sah; Thürme und Ringmauern und vor Allem eine schon von der Natur gesicherte Lage. Wir glauben deßhalb nicht zu irren, wenn wir in diesem Bauwerke den Rest einer römischen Poststation oder mutatio erblicken, welcher später in eine Ritterburg umgewandelt wurde. Dieses muß schon sehr frühe geschehen sein, weil die Ritter von Löwenstein, von denen man freilich nicht genau weiß, ob sie von dieser Burg oder von der Burg Löwenstein bei Weisenburg im Elsaß, welche beide ihnen gehörten, den Namen angenommen haben, schon im Jahre 1164 vorkommen.

Ob und welche Fortsetzung diese Straße vom Stahlberg aus hatte, muß weiteren Untersuchungen vorbehalten bleiben.

9. Eisenberg.

Eisenberg, an dem aus dem Stumpfwalde kommenden Eisbach gelegen, scheint zu den Zeiten der Römer eine der bedeutenderen Niederlassungen dieser Gegend gewesen zu sein. Sie bestand augenscheinlich aus zwei Theilen, aus dem rechts des Eisbachs gelegenen Kastelle, und der auf der linken Seite gelegenen bürgerlichen Niederlassung.

Von dem Kastelle haben sich noch die Wälle erhalten, welche erkennen lassen, daß es ein Viereck bildete, dessen nördliche Seite sich an den Eisbach anlehnte. Später wurde dieses Kastell in eine Ritterburg, Jsenburg genannt, umgewandelt, nach welcher sich eine schon im Jahr 1159 vorkommende, aber schon im Anfange des 14. Jahrhunderts wieder verschwundene Ritterfamilie nannte.

Etwas weiter südlich von der Burg, in dem Winkel, welchen die nach Tiefenthal und nach Leidelheim führenden Wege bilden, soll ein Tempel gestanden sein. Wenigstens hat man hier Fundamente und mehrere Denksteine, sowie kleinere Gegenstände ausgegraben (Int. Bl. 1823 S. 688, 1150, 1827 S. 254.)

Die bürgerliche Niederlassung lag etwas östlich von dem heutigen Dorfe Eisenberg. Das Andenken daran hat sich in den Benennungen Wirths- und Krämergasse erhalten, welche zwei in der Richtung gegen Kerzenheim gelegene Gewanne führen. Ringmauern scheint dieser Ort nicht gehabt zu haben, weil man sonst von ihnen Ueberreste finden müßte. Ueberhaupt hat man auf der Stelle der ehemaligen bürgerlichen Ansiedelung noch keine Alterthümer gefunden, während in dem heutigen Dorfe Eisenberg beinahe bei jedem Hausbaue Münzen ausgegraben werden.

Welche Verbindungsstraßen von Eisenberg ausgingen, ist noch nicht näher untersucht worden. Eine derselben scheint durch das Eisthal gegen Worms geführt zu haben; von ihr sollen sich noch südlich von Ebertsheim Spuren vorfinden.

10. Die Heidelsburg.

Im ehemaligen Gerichte Walbfischbach, an der rechten Seite des Schwarzbachs oder der Burgalb liegt die Heidelsburg, von welcher noch einige Steine des Eingangsthores vorhanden sind. Vellmann, in seiner Beschreibung des Amts Walbfischbach vom Jahre 1600 sagt darüber:

> Da, wo die Schwarzbach den Heidelsborn, einen schönen großen born, in sich aufnimmt, hat vor Zeiten auf dem Berge das Schloß Heidelsburg gestanden (nach einer Sage ist das Schloß nicht völlig aufgeführt worden), von wo die Schwarzbach sich gegen Abend in das Roßthal stürzt.

Namen und Lage dieser Ruine sprechen dafür, daß wir es hier mit einer römischen Burg zu thun haben. Auch über die Straße, zu deren Deckung sie bestimmt war, kann kein ernstlicher Zweifel obwalten. In der Nähe führte eine alte Straße, von Vellmann die Hauptstraße, gegenwärtig die Hundsstraße genannt, in nordöstlicher Richtung über den Hunzberg, und mündete in die Gaustraße ein, welche sich von Waldfischbach über Heltersberg gegen das Johanneskreuz zieht.

Auch in entgegengesetzter südwestlicher Richtung läßt sich die Hauptstraße noch mit einiger Wahrscheinlichkeit verfolgen. Sie führte noch eine kurze Strecke im Thale des Schwarzbachs fort, überschritt diesen bei der in der Vellmann'schen Gränzbeschreibung vorkommenden „Furth im Roßthal", wo die Gränzen von Kurpfalz (Waldfischbach), Baden (Herrschaft Gravenstein) und Hanau-Lichtenberg (Burgalben) zusammenstießen und wandte sich über Klausen und Rodalben gegen den Staffelhof bei Pirmasens, wo die bereits behandelte Straße vom Baruswalde nach Straßburg und die Straßen von Zweibrücken und Hornbach zusammentrafen.

11. Die Heidenburg bei Kreimbach.

Oberhalb Wolfstein, auf dem rechten Ufer der Lauter liegt auf einem walbigen Berggipfel zwischen Kreimbach und Roßbach die Heidenburg, schon zu kurpfälzischen Zeiten (Acta acad. Theod. Palat. I. S. 33) der Fundort wichtiger Alterthümer. Diese, sowie die später ausgegrabenen Fundamente von Gebäuden und weithinlaufenden Ringmauern, Reliefs und Inschriften (Int.-Bl. 1821 S. 750, 1822 S. 527, 1827 S. 247 und 269) lassen erkennen, daß hier ein größeres römisches Kastell gestanden haben müsse.

Die Lage desselben läßt vermuthen, daß es bestimmt war, den Uebergang einer Straße über das Lauterthal zu decken. Daß dieses wahrscheinlich die Straße von Zweibrücken nach Kreuznach war, wird weiter unten erörtert werden. Für eine solche Verbindung in südwestlicher Richtung dürfte auch der Namen des alten Schlosses sprechen, welchen nach Vellmann's Beschreibung des Amtes Wolfstein vom Jahre 1600 eine Flur in der Ge=

markung von Rutzweiler, stoßend einerseits auf die Kaulbacher Gemarkung, andererseits an die Eimbach, führen soll.

Etwas weniger zweifelhaft ist die Verbindung der Heidenburg in östlicher Richtung mit Schallodenbach. Zwischen beiden befindet sich nämlich der sogenannte Thierwald, wo im Jahre 1588 die Gränze zwischen dem kurpfälzischen und sickingen'schen Territorium streitig war (Kreisarchiv, Kurpfalz, Differenzen mit Sickingen). Bei dieser Gelegenheit erklärte einer der darüber vernommenen Zeugen,

> es würde die Gelegenheit darumbher im Thierwaldt uffm Strätzel genannt, dann vor alten zeitten ein straß dahero gangen.

Schallodenbach selbst besaß ehemals eine überaus feste Ritterburg. Obgleich wir aus der Geschichte wissen, daß dieselbe erst um das Jahr 1340 gebaut wurde, so wird man doch in der Erwägung, daß der Platz nach den Begriffen des Mittelalters für eine Burg höchst ungeeignet war, annehmen müssen, daß schon römische Baureste vorhanden waren, welche den Bau erleichterten.

12. Der Heidenkopf bei Breitenbach.

Tilemann Stella erwähnt bei Breitenbach (zwischen Waldmohr und St. Wendel) einen Heidenkopf, den wir jedoch auf den Specialkarten nicht angezeigt finden. Was er darüber sagt, ist indeß zu wichtig, als daß wir es nicht vollständig wiedergeben sollten. Es lautet:

> Von dem Heidenkop zu Breidenbach berichten die bauren daselbst, das vor alten zeiten ein heidnischer Tempel darauf gestanden sei, und das von dem selbigen steinhauffen die Kirchen zu Breidenbach, Dontzweiler und Altenkirchen erbawet sein worden. Diesem ist wohl zu glauben, dieweil noch zeichen und zeugnis genugsam in allen dreyen Oertern gesehen werden, dann umb den Kirchhoff und an der kirchen zu Breidenbach findt man gar viele Antiquitäten eingemauert, unter welchen etliche bilder und etliche grab-

schriften sind. Unter den bildern ist eins Hercules mit seiner clava, das ander ist Juno mit ihrer brennenden Fackel (wie ich dafür halt), das britt ist die Diana, ein göttin der Jäger. Man findt auch etliche bild von großen Löwen daselbst, die aus gar großen Quadersteinen gehauen sind worden, deßgleichen findt man auch etliche Köpff von denselbigen in die mauren am Kirchhoff eingemauert. Item, man findt auch etliche alte und kunstreiche Capiteln von Seulen in derselbigen kirchen zu Breidenbach. Die Grab= schrifften werden des mehrerteil stückweis gefunden, also daß man kein ganzen Sentenz daraus machen kann. Zu Dontzweiler findt auch etliche alte bilder in die Kirchmauer außwendig eingemauert, welche ich nicht eigentlich habe unterscheiden können. Ich halt aber dafür, das eins auch die Juno sei, das ander hatt ein stral in der handt, als wann es ein Malzeichen des Donners sei. Zu Alten= kirchen findt man außwendig an der kirchen auch einge= mauert ein hübsch brustbild von einem ansehnlichen mann, der etwan ein Oberster oder Landpfleger von der Römer wegen in diesem bezirk und Landschaften gewesen ist, deß= gleichen findt man auch ein brustbild von einer frawen, die vielleicht sein gemahl mag gewesen sein, sie sindt beide kunstreich gemacht. Man findt auch daselbst in der kirchen ein viereckten steinernen stock, darauf waren zu den vier seitten vier heidnische bilder gemacht, das ein war Her= cules mit seiner keule, das ander Pallas oder Minerva, die andern zwey hab ich nicht erkennen mögen, dan sie waren beyde sehr zerschlagen. In gleichem Fall findt man auch zu Bruck in der Pfalz, im Reich genannt (im heutigen Dorf Brücken) ein viereckten steinern stock, wel= cher auf jeder seitten ein zimlich groß bildt hatt, auf der einen seitten stund die Pallas oder Minerva, gar kunst= reich gemacht und gewapnet mit ihrem spies, schild und dem kreuzlein, wie sie dan die alten Philosophi, His= torici und Poeten beschrieben haben, auf der andern seitten stund der Vulcanus, der Gott der Schmitt, welcher ein krummen Schenkel und in der linken haubt ein zange und in der rechten ein hammer hatt. Auf der dritten seitten stundt ein frauen bildt gar zierlich und wohl gemacht; des war eine alte heidnische Göttin, ich konnt aber nit merken, was ich ihr für einen namen geben sollt. Das bildt auf der vierten seitten war gar zerschlagen. Dieser stock mag vielleicht auch wol von dem Heidenkop hinweg geführet sein worden.

Gegen dem Heidenkop über auf der andern seitten der Ommersbach liegt ein busch, an der Röten genannt, darunter liegt ein alter burgstall, die heidnisch burg an der Röten, also nennen sie die bauren, diß soll ein Burgstal oder Schloß gewesen seyn, zu welchem der Tempel auf dem Heidenkop gehört hatte.

Diese Beschreibung ist wichtig, nicht nur, weil sie den in der neuesten Zeit nicht mehr bekannt gewesenen Ursprung der zu Breitenbach, Dunzweiler und Altenkirchen gefundenen Denksteine (Int.-Bl. 1827 S. 269) verräth, sondern auch wegen der darin erwähnten räthselhaften steinernen Löwen. Um so wünschenswerther wäre es, daß der Platz, welchen Tilemann Stella den Heidenkopf und die Burg an der Röten nennt, genau ermittelt würde.

Daß ein an Alterthümern so reicher Punkt nicht vereinzelt war, sondern seine Verbindungen hatte, läßt sich mit Sicherheit annehmen. Allein in welchen Richtungen diese führten, ist eine Frage, über welche wir nur Vermuthungen aufstellen können. Am wahrscheinlichsten ist eine Verbindung in nördlicher Richtung; der Weg, welcher von Dunzweiler zwischen Breitenbach und Altenkirchen durch, also jedenfalls in der Nähe des Heidenkopfs vorbei, gegen den Königreicher Hof, Oberselchenbach und Reichweiler zieht, bildet nämlich auf eine lange Strecke die Gränze zwischen dem ehemaligen kurpfälzischen Amte Kübelberg und dem herzoglich zweibrückischen Gebiete, von ihm gilt daher, was wir in der Einleitung über die Wahl von Römerstraßen als natürliche Gränzen ehemaliger Territorien bemerkt haben. Es ist deßhalb von Interesse, in welcher Weise sich Vellmann in seiner Beſchreibung des Amtes Kübelberg vom Jahr 1600 über dieſen Theil der Gränze ausſpricht. Er ſagt nämlich:

von bannen aufs 8. Eichenloch an der ecken am vorigen Ackersberg, hin auf die rechte handt zu dem 9. 10. 11. Eichenlochsbaum auf der höhen beneben dem alten Weg zwiſchen dem Heydenbuſch und dem Keyſchenberg (Kaiſers-berg) von. dannen den Weg außen bis auf die Zolleich, iſt ein Dreygemark, ſcheidet Pfalz (wegen Frohnhofen), Herzog Hannſen (von Zweibrücken wegen Breitenbach) und Naſſau (wegen Marth mit dem Königreicher Hofe).

Noch zweifelhafter iſt die Verbindung nach Oſten. In dieſer Richtung liegt, beiläufig ¼ Stunde unterhalb Ohmbach, ein Hügel, Rennweiler genannt, auf welchem ſchon Fundamente und römiſche Scherben ausgegraben wurden (Int.-Bl. 1826 S. 584). Sollten ſich hier Spuren eines Thalüberganges zeigen, ſo wäre wohl der nächſte römiſche Punkt der Felddiſtrict Fröſchweiler zwiſchen Stein-bach und Haſchbach. Hier wurde beiläufig im Jahre 1780 außer einem verſchütteten Brunnen, einem Feuerheerde und dergl. auch ein ſteinerner Löwe ausgegraben, welcher nach der Volksſage das Portal eines längſt verſchwundenen Schloſſes geziert haben ſoll. Der Graf von der Leyen, dem das Amt Münchweiler gehörte, ſoll 1793 die Abſicht gehabt haben, dieſen Löwen nach ſeinem Jagdſchloß zu Niederwürzbach bei Blieskaſtel bringen zu laſſen, allein es kam nicht dazu, und der Löwe blieb an dem Wege von Steinbach nach Haſchbach liegen, wo er vielleicht noch zu ſehen iſt.

Das Endziel einer ſolchen Verbindungsſtraße könnte Münch-weiler am Glan ſein. Dieſer Ort war früher mit Wall und Graben befeſtigt, und hatte 1344 „einen burglichen Bau", könnte daher aus einem römiſchen Flecken hervorgegangen ſein.

---

13. Der Hohberg und der Drachenfels.

Der Hohberg im Limburg-Dürkheimer Walde, den man ge-wöhnlich nach einem Theile des ſeine Spitze bildenden Felſen-Pla-teaus Drachenfels nennt, iſt der Knotenpunkt eines ausgedehnten

Gebirgsstockes. Straßen, welche durch das Gebirge führten, und die Thäler so viel wie möglich vermieden, konnten daher den Hohberg nicht umgehen. Daß die Römer einen so wichtigen Punkt nicht unbenützt ließen, läßt sich erwarten. In der That fand sich noch in den 1830er Jahren auf dem ersten Absatze des Felsens, links von dem Eingange, ein unzweifelhafter Rest einer Mauer vor, und früher hat man auch in einer Felsenhöhlung römische Gefäße und Münzen gefunden. (Int.-Bl. 1822 S. 684).

Ob und in welcher Richtung an dem Hohberge Straßen vorbeiführten, ist eine Frage, deren Beantwortung zunächst den betreffenden k. Forstbeamten überlassen werden muß. Wir wollen indeß nicht versäumen, auch unsere Vermuthung auszusprechen. Wir glauben, daß vor Allem die Richtung gegen Frankenstein eine nähere Prüfung verdiene. Von der Burg zu Frankenstein führt nämlich in südwestlicher Richtung auf dem Bergrücken ein Weg fort, welcher auf den Karten die Hochstraße genannt wird; dieser Weg zieht durch die Walddistricte Meisenkopfersohl und Mitteleck-sohl an das Forsthaus Amsohl und wird da, wo er die Gränze zwischen der mittlern Frankweide und dem Stift Lautern bildet, in der Gränzbeschreibung von 1573 die Straße von Hilsberg nach Hochspeyer genannt. Sollte sich zwischen dem Hohberg und der Hochstraße eine Verbindung ermitteln lassen, so wäre damit auch die in der Einleitung erwähnte steinerne Brücke bei Frankenstein erklärt.

14. Homburg.

Für den römischen Ursprung von Homburg haben wir zur Zeit keine anderen Gründe, als den Umstand, daß hier mehrere römische Straßen zusammentrafen. Die wichtigste darunter ist jene, welche vom Varuswalde bei Tholei nach Straßburg ging, und schon oben in der II. Abtheilung besprochen worden ist. Ihr folgt an Bedeutung die Straße, welche von Homburg über Erbach, an Jägersburg vorbei, nach Fürth im k. preuß. Gebiete ging. Sie wurde noch im Mittelalter vielfach benützt, denn wir wissen, daß das Herzogthum Zweibrücken wegen der Herrschaft Kirkel das Geleitsrecht von Erbach bis Fürth besaß. Hansen hat diese Straße für das k. preuß. Gebiet beschrieben. Nach seiner Angabe kam die sogenannte Rennstraße von Winterbach, zog südöstlich unterhalb Oberlinzweiler über die Blies, sodann in der Richtung der Wersweiler Höhe über die von Ottweiler nach Wersweiler führende Römerstraße, senkte sich hinab nach Fürth, und überschritt hier den Osterbach, wie bei Nemmersfürth den Schönbach. Wenn Hansen jedoch weiter annimmt, daß die Römerstraße hier plötzlich eine südliche Richtung eingeschlagen und über den Höchener Berg nach Schwarzenacker geführt habe, so scheint uns dieses nicht gerechtfertigt, weil sowohl die bisherige Richtung, als die alte Geleitsstraße auf Homburg zeigen. Das in dieser Linie liegende Jägersburg, früher Hattweiler genannt, besaß schon im 14. Jahrhundert eine den Grafen von Zweibrücken gehörige Tiefburg, welche vielleicht auf römischer Grundlage erbaut war. Ueberdieß gibt Tilemann Stella Nachricht von einem Burgstall, welcher in der Nähe von Jägersburg, am spätern Brückweiher, gelegen war. Er sagt nämlich:

Unter Hattweiler, am Bruckwoge, liegt ein alter Burgstal, als wann etwan vor zeitten ein gebew da gestanden hette.

Von der Römerstraße selbst war vor mehreren Jahren zwischen Erbach und Jägersburg in dem Walddistricte Giskeller noch ein kleiner Rest vorhanden, bestehend in einer dammartigen Erhöhung, welche, beinahe parallel mit der heutigen Straße, westlich von derselben hinlief.

Daß von Homburg auch Verbindungsstraßen nach Vogelbach, sodann nach dem Schwarzenacker und nach Altstadt bei Limbach führten, wird man als unzweifelhaft annehmen können.

15. Hornbach.

Das heutige Hornbach besteht eigentlich aus zwei Theilen: aus der auf einem künstlichen Plateau gelegenen obern, und der am Fuße desselben zwischen den Bächen Schwalb und Trualb gelegenen untern Stadt. Der obere Theil war schon in den ältesten Zeiten mit Ringmauern umgeben, scheint jedoch, als der heilige Pirminius um das Jahr 740 hier ein Kloster gründete, keinen besondern Namen geführt zu haben, da das neue Kloster bald nach dem benachbarten Dorf Hornbach (jetzt Althornbach), bald nach dem untern Theile des Ortes Gamundias oder Gemünden genannt wurde. Der erstere Namen wurde indessen der vorherrschende, so daß schon 1179 der ganze obere Theil die Burg Hornbach hieß, während der untere noch 1258 den Namen Gemünden führte.

Dieses frühe Vorkommen eines mit Mauern umgebenen, keinen eigenen Namen führenden Ortes, verbunden mit dem Umstande, daß man damals für die Klöster Plätze auszusuchen pflegte, wo schon Baumaterialien vorhanden waren, lassen als sicher annehmen, daß der obere Theil von Hornbach, obgleich von der Auffindung römischer Alterthümer daselbst nichts bekannt ist, römischen Ursprungs sei.

Von den Verbindungsstraßen, welche von Hornbach ausgingen, ist jene gegen Süden am wenigsten zu verkennen. Sie führte auf der Hochebene über Schorbach nach Bitsch und war noch im Mittelalter der gewöhnliche Weg von Zweibrücken dahin.

Eine andere Straße scheint in nordöstlicher Richtung abgegangen zu sein. Die schiefe Stellung der über die Trualb führenden Brücke, und der noch jetzt in dieser Richtung sich fortziehende Feldweg, welcher, was uns entscheidend scheint, auf eine lange Strecke die Gemarkungsgränze mehrerer Gemeinden bildet, sprechen dafür. Diese Straße scheint zwischen dem Heckenaschbacher und Kirschbacher Hofe hindurch gegen Höheischweiler gezogen zu sein, wo sie sich mit der von Zweibrücken gegen den Staffelhof führenden Straße vereinigte. Ob sich noch sichtbare Spuren dieser Straße vorfinden, ist uns nicht bekannt.

Nach dem Intelligenzblatte von 1830 S. 347 soll auch aus der Gegend von Pirmasens eine Römerstraße nach Hornbach geführt haben. Nach dessen Angabe bestand vor Zeiten bei der alten Ziegelhütte bei Pirmasens eine gepflasterte Straße, die Hornbacher Straße genannt, welche durch das Feld, am Gehemer Wald vorbei nach Winzeln, und von da durch den Wald Breitfitters bis auf die Anhöhe bei Winschberg lief. Ob diese Angaben richtig seien, müssen wir aus Mangel an Lokalkenntniß dahingestellt sein lassen.

16. Johanniskreuz.

Das Johanniskreuz, jetzt ein isolirtes Forsthaus, liegt südöstlich von Trippstadt, auf dem Rücken eines Gebirgskammes, welcher sich von Süden nach Norden hinzieht, und nach allen Seiten Ausläufer aussendet. Ob es selbst eine römische Station bildete, ist zweifelhaft, weil man daselbst noch keine römischen Alterthümer gefunden hat. Wir nehmen indessen Johanniskreuz als römisch an, weil es uns der geeignetste Punkt scheint, um die in dieser Gegend durch das Gebirge führenden Römerstraßen zu beleuchten. Es sind folgende:

1. In südwestlicher Richtung zieht vom Johanniskreuz aus eine Straße nach Waldfischbach, welche in dem Weisthum von 1369 (cf. Croll. orig. II. S. 243) die Gauwes-, später durchgehend die Gaustraße genannt wird, und durch ihre Bezeichnung als Straße den römischen Ursprung verrathen dürfte. In Heltersberg, welches auf dieser Route liegt, verdient der Distrikt „auf der Mauer", welcher schon 1600 von Vellmann so genannt wird, Beachtung, weil, wie wir in der Einleitung erörtert haben, solche Benennungen gewöhnlich auf Reste römischer Gebäude hindeuten. Ob diese Straße von Waldfischbach aus eine Fortsetzung gehabt habe, etwa über Burgalben nach dem Staffelhofe, bleibt weiteren Untersuchungen vorbehalten. Daß Burgalben, welches hier zunächst in Betracht kömmt, von einer ehemaligen Burg seinen Namen habe, unterliegt keinem Zweifel, obgleich in der Geschichte von einer Burg daselbst nicht das Mindeste bekannt ist.

2. In südlicher Richtung, auf der Gränze zwischen der ehemaligen Herrschaft Grevenstein einerseits und der obern Frankweide und dem Annweiler Walde anderseits, führte ehemals eine Straße von dem Johanniskreuz gegen die Burg Falkenburg bei

Wilgartswiesen. Wir ersehen dieses aus der Gränzbeschreibung des Amtes Grevenstein vom Jahre 1643, welche die Gränze, jedoch in der Richtung von Süden nach Norden, also umgekehrt, in folgender Weise bezeichnet: von dem Steine unten an dem Ottersfelsen an der Straße, die von Falkenburg nach Leimen und Hochstetten geht, der alten Straße nach bis an das Bild, wo sich die Wege nach Leimen und Hochstetten scheiden, ferner auf den Breitstein, auf die große Hort, an das Reisteneck in das Rotthal, auf das Rad in dem alten Gefell, daselbst hinaus auf dem Rücken, und der alten Straßen oder Hohlen nach bis auf den Meßberg. Auch in den Gränzbeschreibungen der obern Frankweide von den Jahren 1533 und 1573 wird an dieser Stelle die alte Straße mehrmals erwähnt.

Der an dieser Straße, mitten im Waldgebirge liegende Hermersberger Hof verdient die nähere Beachtung des Forschers, weil er auf der Stelle einer römischen Ansiedelung liegen dürfte; hiefür spricht nicht nur sein hohes Alter (denn er wird schon im Jahre 828 bei Gelegenheit der Schenkung des St. Pirmanswaldes an das Kloster Hornbach unter dem Namen Herebolbesberg oder Gelengi erwähnt), sondern auch die Namen Heideneck und Wüstmühle, welche neben dem Hofe vorkommen. Daß aber der Namen Wüstmühl nicht von einer erst in der neueren Zeit eingegangenen Mühle herrührt, ergibt sich aus dem, spätestens aus dem 15. Jahrhunderte stammenden Wilgartswieser Weisthum, welches die Wüstmühl gleichfalls als Gränzpunkt des sogenannten großen Pirmans erwähnt.

Wenn sich diese Straße, wie wir nicht zweifeln, noch nachweisen läßt, so dürfte auch ihre Fortsetzung sich noch ermitteln lassen. Vermuthlich ging diese über Hauenstein, ferner an den Burgen Lindelbrunn und Guttenberg vorbei nach Altenstadt bei Weisenburg. Das Dorf Hauenstein, welches nach dem westlich davon gelegenen, künstlich durchbrochenen Felsen seinen Namen führt, erinnert an die nicht seltene römische Benennung petra scissa oder secta. Auch heißt ein Feldbistrict daselbst in der alten Burghalde.

3. In nördlicher Richtung scheint eine Straße von Johannis=

kreuz gegen den Stüterhof (den ehemaligen Hof Hilsberg) geführt zu haben. Dieser Hof lag an der Kreuzung mehrerer alten Straßen. In den Gränzbeschreibungen der mittlern Frankweide von den Jahren 1533 und 1573 werden deren zwei erwähnt: die Straße von Hilsberg nach Hochspeyer, und die Straße nach Neustadt. Die erstere ist dieselbe, welche eigentlich nach Frankenstein führt, und schon oben bei dem Hohberg besprochen worden ist. Die letztere führte nach denselben Beschreibungen über den Leiterberg nach dem steinernen Kreuze, welches westlich von dem Dorfe Esthal, in der Nähe des Forsthauses Schwarzsohl, stand, oder noch steht. Ob diese Straßen jedoch römischen Ursprungs seien, müssen wir einstweilen dahingestellt sein lassen.

17. Kaiserslautern.

Kaiserslautern, früher Lutra, 1330 aber schon Kaiserslautern genannt, gehört, wie wir in der Einleitung erörtert haben, zu den römischen Städten. Schon unter Karl dem Großen befand sich hier eine Königspfalz, welche nach Johann von Mutterstadt sogar schon von Pipin bewohnt war, ehe er den fränkischen Königsthron bestieg.

Sollten über den römischen Ursprung von Kaiserslautern noch Zweifel bestehen, so müßten diese vollends durch die Erwägung gehoben werden, daß Kaiserslautern schon in den ältesten Zeiten den Kreuzungspunkt zahlreicher und wichtiger Straßen bildete. Die bedeutendste darunter, die Straße von Metz nach Worms, haben wir bereits oben abgehandelt, hier sind daher nur noch die folgenden zu besprechen:

1. Straße von Kaiserslautern nach Oppenheim. Daß schon in sehr früher Zeit eine besuchte Straße in dieser Richtung führte, ergibt sich aus einem Vertrage, welchen Kurfürst Ruprecht II. im Jahre 1386 mit mehreren Fürsten und Herrn zum Schutze der Handelsstraße von Oppenheim bis gegen Metz und von Limbach an der Blies bis gen Schengen an der Mosel abschloß. Ueber die Hauptrichtung derselben gibt das Lehenverzeichniß des Kur-

fürsten Ruprecht III., beiläufig aus dem Jahre 1398, Auskunft. Nach demselben trugen die Grafen von Leiningen von Kurpfalz zu Lehen: „das Geleite von Oppenheim an die rechte stroß heruß biß gen Spisheim an die locher", und sodann „von Spisheim die rechte stroß bis off den Stamp, da unser lantgericht ist, und von demselben lantgericht an biß an die Esel Forte by Lautern, da gent dieselbe unser geleide uß." Endlich ist aus andern Urkunden bekannt, daß Kurpfalz im Jahre 1405 Zollstätten zu Enkenbach und Gauersheim hatte. Hieraus ergibt sich die Richtung von selbst; die Geleitsstraße führte von Kaiserslautern über die Eselsfürth nach Enkenbach, sodann in den Stumpfwald (Stamp), und über Gauersheim nach Spisheim.

Vermuthlich hielt auch die Römerstraße diese Richtung ein. Der Namen Eselsfürth deutet auf eine römische Furt, da in manchen Gegenden, namentlich im Spessart, die römischen Straßen häufig Eselwege oder Eselpfade genannt werden. Es wäre jedoch auch möglich, daß die Straße nach Oppenheim von der großen Metz-Wormser Straße erst bei dem Altenhofe abging und die Richtung über Alsenborn nahm. Das auf dieser Linie liegende Dorf Alsenborn ist ein entschieden römischer Ort. Auf der östlichen Seite des Dorfes, neben der Quelle der Alsenz, befindet sich nämlich eine augenscheinlich künstliche Erhöhung, welche im Int.-Bl. von 1824 S. 303 für das Fundament eines Tempels gehalten wird, wahrscheinlich jedoch eine Burg war; denn ein Bericht vom Jahre 1772 (Kreisarchiv: Kurpfalz, fasc. 112) sagt darüber:

Unterhalb dem Alsenzborne in den Wiesen war ein großer Hübel, die Burg genannt, war vor Zeiten ein Gebäu gestanden. Als vor 20 Jahren daselbst Steine gesucht worden, fanden sich die schönsten gehauenen großen Stein, alt Eisen, Kupfer von alter, unkennbarer Art zwischen den Steinen, tief in der Erde.

Daß neben dieser Burg auch eine bürgerliche Niederlassung vorhanden war, beweisen die auffallend zahlreichen Gräber, welche in der Umgegend sich vorfinden.

Der nächste Punkt auf dieser Linie, welcher Beachtung verdient, ist der Randecker Hof, weil er vielleicht mit der Burg Wildenfels identisch ist, welche in dieser Gegend erwähnt wird, aber 1354 schon zerstört war. Von hier aus führte die Straße über den Schelmenkopf auf den Bergrücken, und fortwährend auf demselben über das sogenannte Göllheimer Häuschen bis in die Gegend von Göllheim. Diese Straßenstrecke heißt in einer, die Gränzen der Pfarrei Sippersfeld bestimmenden Urkunde vom Jahre 1019 die gepflasterte Straße, genannt Hochstraße (platea, quæ dicitur hohunstraza), über ihren römischen Ursprung kann daher kein Zweifel sein. In der That zeigte sie noch vor wenigen Jahren an den Abhängen Steinpflaster. Zugleich bildete aber die Straße auch die Gränze des Stumpfwaldes, man wird daher auch in dieser Gegend den Platz des ehemaligen Landgerichts der Grafen von Leiningen zu suchen haben.

Ob die Römerstraße vom Göllheimer Häuschen sich bis an Göllheim fortsetzte, oder schon früher in der Richtung gegen Marnheim abging, bedarf noch einer näheren Prüfung. In der letzten Richtung liegt der Heidelsberg, eine schwache Erhöhung zwischen Göllheim und Dreisen, im Thale der Pfrim. Derselbe ist vermuthlich identisch mit dem Königshof (villa regia), welcher im Jahre 824 in Gilnheim erwähnt wird; denn in dem Städtchen Göllheim selbst hat sich noch keine Spur eines älteren Baues gefunden. Ebenso scheint der Heidelsberg dasselbe Heidenschloß zu sein, von welchem das Göllheimer Weisthum vom Jahre 1537 sagt: „Item weisen wir einen rechten Weg vom Heidenschloß bis auf die Straße." Daß in dieser Gegend eine Römerstraße über die Pfrim führte, ergibt sich aus einer andern Stelle desselben Weisthums, nach welcher „die bach von der Heerstraße an bis herüber an die sieben Manden" gefegt werden sollte. Endlich wird schon 1456 eine Heerstraße in der Gemarkung von Göllheim erwähnt.

Von Marnheim führte die Römerstraße eine kurze Strecke das Pfrimthal hinab, sodann links den Hungerberg hinauf, und jenseits desselben hinab nach Gauersheim. Da, wo die Höhe dieses Berges erreicht wird, stand rechts an der Straße, wie der Namen „an der alten Warte" beweist, ehemals ein Wartthurm. Der Feldweg über den Hungerberg selbst hieß schon 1304 die

Heerstraße, und führt noch heutzutage diesen Namen. Das von einem Wassergraben umgebene Schloß zu Gauersheim, schon 1221 eine Ritterburg, könnte vermöge seiner tiefen Lage noch von einem römischen Baue herrühren. Der nächste römische Punkt ist das Dorf Stetten, welches schon durch seinen Namen den römischen Ursprung verräth, aber auch eine schon im Jahre 1260 vorkommende Ritterburg besaß. Dieselbe lag an der südöstlichen Seite des Dorfes, neben der heute noch sogenannten Burggasse, an einem Platze, welcher den Anforderungen des Mittelalters so wenig entsprach, daß man auch hier eine Anlage aus der Römerzeit anzunehmen versucht wird.

Der Weg von Stetten gegen Alzei und Spisheim hieß früher die Hochstraße. Dieses ergibt sich aus der Banngränzbeschreibung von Ilbesheim vom Jahre 1533, worin es heißt: den Eppelsheimer Weg hinaus bis auf die Hochstraße, die Hochstraße fort bis an den Flonborner Weg, von dem Flonborner Weg eine Furt hinaus bis auf Stetter Gemark."

Die weitere Verfolgung dieser Straße, welche hier die Gränze der Pfalz verläßt, liegt außerhalb der Aufgabe, welche wir uns gesetzt haben.

2. Straße von Kaiserslautern nach Ebernburg. In dem Intelligenzblatte vom J. 1828 S. 383 wird eine römische Hochstraße angenommen, welche von Kaiserslautern über Otterbach, den Felsberger Hof und den Roßberg nach Noth und Meisenheim führte. Im Ganzen scheint dieses richtig zu sein, nur dürfte die erste Strecke bis zu dem Felsberger Hof der Anfang einer eigentlich nach Ebernburg gerichteten Verbindungsstraße sein, deren Fortsetzung vom Stahlberg aus wir bereits bei Ebernburg erörtert haben. Der auf dieser Linie liegende Horterhof erinnert an einen ehemaligen Wartthurm, da der alte Namen dieses Hofes, unter welchem er schon im Jahre 1219 vorkömmt, Honwarten, d. h. hohe Warte, ist. Der Felsberger Hof, welcher nach unserer Vermuthung auf der Kreuzung dieser und der vom Roßberge herabkommenden Straße lag, soll ursprünglich eine Burg gewesen sein, nach welcher sich ein Zweig der Ritter von Flersheim nannte.

3. Straße von Kaiserslautern nach Odenbach am Glan. Sie

ging vermuthlich in Otterbach von der vorigen Straße ab und führte entweder über Mehlbach, Wörsbach und Morbach, und von da auf der Wasserscheide, oder über Schallodenbach. Für die letztere Richtung spricht nicht nur die alte, vermuthlich aus römischen Ueberresten hervorgegangene Burg zu Schallodenbach, sondern auch der Umstand, daß noch im Mittelalter die gewöhnliche Straße von Kaiserslautern nach Meisenheim über Schallodenbach führte, und Vellmann in seiner Beschreibung des Amtes Wolfstein vom Jahre 1600 den Weg dahin eine Straße nennt. Nach seiner Angabe lief nämlich die Gränze an die Leimenkaut bei Schallodenbach, neben der Straße von Schallodenbach nach Kaiserslautern, diese Straße hinaus gegen Lautern bis auf den hohen Berg u. s. w. Indessen bedürfen beide Linien noch einer genaueren Prüfung.

4. Straße von Kaiserslautern nach Dürkheim. Die Grafen von Leiningen hatten nach dem schon öfter erwähnten Lehenbuche des Kurfürsten Ruprecht III. das Geleite „von Dürkheim bis an das Btyercke (Birke) by Lutern." Vermuthlich führte diese Geleitsstraße von Kaiserslautern in der Richtung der heutigen Staatsstraße über Hochspeyer, wo ein altes steinernes Kreuz (in der Nähe des Bahnhofs) die Existenz einer alten Straße verräth, und über Frankenstein nach Dürkheim. Ob dieselbe aber zu den römischen Straßen zu rechnen sei, ist zur Zeit, da keine weiteren Anhaltspunkte dafür vorliegen, noch zweifelhaft.

5. Dasselbe gilt von der Straße von Kaiserslautern nach St. Wendel und an die Mosel. Sie führte über Ramstein, Spesbach, Hitschenhausen und Schöneberg, und Kurpfalz hatte das Geleitsrecht darauf „bis Hasensteil". Als Kurfürst Friedrich II. im Jahr 1523 nach Spanien reiste, schlug er diese Straße ein und nahm sein erstes Nachtquartier von Kaiserslautern aus in dem Dorfe Kübelberg.

6. Die Straße von Kaiserslautern nach Neustadt wird bei dem letztern Orte behandelt werden.

18. Kirkel.

Die Burgruine Kirkel, auf einem nicht hohen, aber regelmäßigen runden Hügel gelegen, hat offenbar den Namen von dem lateinischen circulus. Tilemann Stella schreibt darüber: Erstlich belangend Kirkel, ist es ohn zweifel, daß es von den Heiden und Römern gebawet und bewonet gewesen ist, dann die gelegenheit bezeuget das, so hat man auch vor etlichen jaren Antiquitäten daselbst umher gefunden, wie man dann noch sehen mag zu Volkerskirchen (jetzt Neuhäusel) in der kirchen, da noch ein alt heidnisch bildt oben an einer seulen gefunden wird, welches zu gedächtens aufgehoben und daselbst hin vermauert worden. Also, daß ich glaube, das die Besatzung, so Bliescastel von den Römern ingehabt, sei auch des Hauses Kirkel mächtig gewesen, und daß es den namen von einem Circul habe, darumb, daß es circelsweis gar rondt auf einem berg gelegen ist.

Kirkel lag an keiner bedeutenderen römischen Straße, sondern war mit der jenseits Neuhäusel vorbeiführenden großen Straße von Metz nach Worms nach Dr. Schröter's Angabe nur mittelst einer Seitenstraße verbunden. Auch mit der nur $1^{1}/_{4}$ Stunde entfernten römischen Niederlassung am Schwarzenacker bestand ohne Zweifel eine Verbindung. Ob dieselbe aber auf der Höhe durch den Kirkeler Wald, oder in der Ebene, um die Berge herum geführt habe, bleibt noch zu untersuchen. Die letztere Vermuthung wird durch den tiefen Einschnitt unterstützt, welcher durch den, die nördliche Fortsetzung des Wörschweiler Klosterbergs bildenden Hügel führt, und offenbar künstlich gemacht ist.

Endlich dürfte von Kirkel aus auch eine Straße über Lautzkirchen nach Bliescastel geführt haben. In dieser Richtung wurde wenigstens vor einigen Jahren im Walddistricte Hutschuck ein römisches Steinrelief gefunden.

19. Der Königsberg bei Wolfstein.

Der zwischen der Lauter und dem Eßweiler Thale, westlich von Wolfstein gelegene Königsberg, ein ausgedehnter, 1893 Fuß hoher Porphyr-Gebirgsstock, verdient auch für die römische Topographie größere Beachtung, als er bisher gefunden hat. Nach der Bellmann'schen Beschreibung des Amtes Wolfstein vom Jahre 1600 scheint nämlich eine Römerstraße über ihn geführt zu haben und in der Nähe ein Kastell (Bürgel) vorhanden gewesen zu sein. Um diese Beschreibung verstehen zu können, bemerken wir, daß der Erlenborn, bei welchem sie beginnt, als an der Gemarkungsgränze zwischen Rothselberg und dem Eßweiler Thale gelegen, bezeichnet wird. Die Gränzbeschreibung selbst lautet:

Vom Erlenborn auf die Bürgelstraße, diese Straße hinaus gegen Norden auf das Gremel. Von da auf das Bruderhaus (ist vor Zeiten allba ein Haus gestanden, aber jetzt nur ein steinhauffen) dann auf den Pfuhl im Allewald, vom Pfuhl auf den Hörweg, diesen hinaus bis zum weißen Stein (Gränze zwischen Rothselberg und Rutzweiler), die Hörstraße außen bis auf den Kinschberg (Königsberg) an die Hungerpfuhl, dann immer der alten Straßen nach oberhalb Aspach bis an die Hungerbacher Linden (scheidet Aspach, Lohnweiler und Wolffstein).

Die Richtung dieser Heerstraße scheint einerseits auf Lautereden oder Grumbach, anderseits auf Kaiserslautern oder Landstuhl zu deuten, worüber eine nähere Prüfung Aufklärung geben wird.

---

20. Kriegsfeld.

Die zahlreichen Alterthümer, welche man in Kriegsfeld gefunden hat (Int.-Bl. 1828 S. 384 und 1829 S. 180), lassen vermuthen, daß dieser Ort, welcher im Mittelalter jedoch nicht Kriegsfeld, sondern Krisfeld genannt wird, daher kaum von einem Schlachtfelde den Namen haben dürfte, römischen Ursprungs sei. Ueber die Verbindungen desselben können wir jedoch nur Vermuthungen aussprechen. Ehemals führte die Geleitsstraße von Alzei nach Meisenheim über Kriegsfeld, Münsterappel und Alsenz, und Kurpfalz hatte das Geleite darauf von Alzei bis auf den Berg oberhalb Alsenz; ob jedoch diese Straße römisch sei, müssen wir dahingestellt sein lassen. Jedenfalls machte die Römerstraße von Kriegsfeld aus nicht den Umweg über Münsterappel, obgleich dieser Ort, an welchem schon im Jahre 900 ein Klösterchen bestand, durch seinen alten Namen Appula auf römischen Ursprung deutet, sondern nahm die geradere Richtung über Oberhausen.

21. Landau.

Daß Landau zu den ursprünglich römischen Städten zu rechnen sein dürfte, haben wir in der Einleitung erörtert. Die mitten hindurchführende Römerstraße von Straßburg nach Bingen würde für sich allein schon dieses beweisen.

Eine andere Frage ist dagegen, ob Landau der **Vicus Julius** sei, welchen die **Notitia dignitatum** aufführt. Früher war man darüber nicht im Zweifel. Beyerlin sagt nämlich in seiner Beschreibung von Kleinfrankreich:

Lantbertus, ein fränkischer Verweser des Wasgaues, bauete, da die zerbrochene und von den Gothen umgekehrte Statt **Vicus Julii** war, das Schloß Landenberg, von dem das Dorf Landau erwachsen.

Ferner sagt derselbe von Nußdorf:

Ennus, ein römischer Landvogt des obern und niedern Wasgaues, so zu **Vico Julio** seinen Sitz gehabt, hat ohnfern davon aufgebauen Burg und Flecken Ennusdorf.

Obgleich die Autorität Beyerlin's nicht in das Gewicht fällt, so ist doch immerhin bemerkenswerth, daß man damals, wo vielleicht noch römische Denksteine vorhanden waren, die Identität von Landau mit **Vicus Julius** nicht bezweifelte.

Von den Straßen, welche von Landau ausgingen, werden jene nach Speier, nach Rheinzabern und Landstuhl bei diesen Orten erörtert werden; wir haben daher hier nur noch über eine

Verbindung in westlicher Richtung einige Worte beizufügen. Nach dem Intelligenzblatte vom Jahre 1828 S. 76 soll von der Anhöhe südlich der Kreuzmühle eine Straße zwischen Birkweiler und Ransbach durch gegen den Trifels oder Annweiler geführt haben. Dieses dürfte im Allgemeinen richtig sein, wir vermuthen jedoch, daß diese Straße sich von der Wasserscheide weder gegen den Trifels, noch nach Annweiler, sondern vielmehr gegen den Windhof zog, eine zwischen der Burg Scharfenberg (Münze) und dem Rehberge gelegene Ebene, wo sich mehrere Straßen gekreuzt zu haben scheinen. Das Endziel dieser Straße ist noch zu ermitteln; die Vermuthung liegt jedoch nahe, daß die Fortsetzung in der Richtung der Burg Lindelbrunn zu suchen sei.

Der in der Nähe dieser Straße gelegene Kirchthurm zu Birkweiler soll nach der Sage ein ehemaliger römischer Wartthurm sein.

22. Landsberg.

Zu den Burgen, für welche, wenn sie auch keine römischen Alterthümer aufzuweisen haben, doch der römische Ursprung in Anspruch zu nehmen sein dürfte, gehört auch die Burg Landsberg, nach dem benachbarten Städtchen Obermoschel gewöhnlich Moschel-Landsberg genannt. Was uns zu dieser Ansicht veranlaßt, ist nicht nur die auf allen Seiten freie Lage dieser Burg, welche, gleich dem Steinsberge bei Sinsheim im Großherzogthum Baden, das ganze Gebiet zwischen dem Glan und der Alsenz beherrscht, sondern auch der Namen Landsberg (in den älteren Urkunden Landsburg), welcher zu der Vermuthung berechtigt, daß diese Burg nicht von einer einzelnen Familie, sondern von einem größeren Landstriche, gleichsam auf Landeskosten, erbaut wurde, wie auch der Namen Landgraben einen von einer ganzen Gegend ausgeführten Entwässerungsgraben bezeichnet. Es würde sich daher der Mühe lohnen, dem römischen Ursprunge der Burg nachzuforschen. Daß man daselbst noch keine Alterthümer aufgefunden hat, erklärt sich dadurch, daß Landsberg längere Zeit der Sitz einer herzoglich zweibrückischen Seitenlinie war, daher vermuthlich vielen baulichen Veränderungen unterlag.

23. Landstuhl.

Landstuhl war allem Anscheine nach eine der bedeutenderen römischen Niederlassungen. Schon der alte Namen des Ortes, Nanstal, deutet auf einen verschwundenen älteren Ort, und damit stimmen die zahlreichen Fundamente überein, welche man namentlich bei der Erbauung der Kaiserstraße, und zwar zunächst bei den beiden Brücken, sowie im Distrikt Frankenthal ausgegraben hat. Würde noch über den römischen Ursprung ein Zweifel obwalten, so müßte dieser durch die zahlreichen Denksteine, welche hier und in der nächsten Umgebung gefunden wurden (Int.-Bl. 1821 S. 753; 1822 S. 527, 1823 S. 689) vollends schwinden.

Schwieriger ist die Frage zu lösen, ob auch die Burg, in den älteren Urkunden Nanstein oder Nannenstein genannt, römischen Ursprungs sei. Wir glauben sie bejahen zu müssen, weil die Lage derselben den Anforderungen des Mittelalters nicht ganz entsprach; denn sie liegt tiefer, als die sie umgebenden Berge, und so weit in das Thal hineingeschoben, daß sie nur gegen Norden eine beschränkte Aussicht gewährt. Auch findet sich in der nördlichen Mauer ein römischer Denkstein eingefügt, der offenbar an Ort und Stelle gefunden wurde; denn damals nahm man an den römischen Antiquitäten noch nicht so viel Interesse, um sie aus der Entfernung herbeizuholen.

Außer der vorbeiführenden großen Straße von Metz nach Worms, von welcher wir bereits oben gehandelt haben, hatte Landstuhl ohne Zweifel noch viele andere Verbindungsstraßen. Nur für einige derselben liegen jedoch feste Anhaltspunkte vor, weßhalb wir uns auf diese beschränken müssen.

1. Straße von Landstuhl nach Landau. In der Bekmann'schen Beschreibung des Amtes Waldfischbach vom J. 1600 wird mehrfach die Straße von Schmalenberg nach Eussersthal erwähnt. Da man damals noch keine neuen Straßen baute, am wenigsten

in so menschenleeren Gegenden, so kann darunter nur der Rest einer alten, vermuthlich römischen Straße verstanden sein. Hiemit stimmt auch die Volkssage überein, daß von der Landstuhler Höhe eine Römerstraße über Schmalenberg in das Annweiler Thal geführt habe, von welcher man noch auf dem Rothensohler Berge, südöstlich von Schmalenberg, die in den Felsen gehauenen Fahrgeleise sehe.

Verfolgt man die hiedurch angedeutete Richtung gegen Landstuhl, so zeigt sie auf den Heidenhübel bei Krickenbach und auf das Dorf Bann. Zwischen diesem Orte und Landstuhl muß das im Antiquarium zu Speier befindliche Denkmal der Magissier, sowie etwas weiter hin der den diis casibus geweihte Denkstein (Int.-Bl. 1820 S. 754, 1823 S. 689) gefunden worden sein.

In entgegengesetzter Richtung führte diese Straße von Schmalenberg über Hochstetten und Eussersthal nach Landau. Hochstetten, jetzt gewöhnlich ohne allen Grund Hoffstetten genannt, gehört zu den ältesten Orten dieser Gegend, indem es schon im Jahre 1086 unter dem Namen des praedium Hunelette dem Kloster Hornbach geschenkt wurde. Daß schon der Namen auf eine Römerstation deutet, wurde schon in der Einleitung erörtert.

Von Hochstetten aus ging die im Mittelalter gewöhnliche Straße, wie bemerkt, über Eussersthal; die Römerstraße dagegen scheint hier etwas abgewichen zu sein, und über den zwischen Eussersthal und Grevenhausen sich hinziehenden Bergrücken direct nach Albersweiler geführt zu haben. Wir schließen dieses aus der Schenkungsurkunde der Willigardis an das Kloster Hornbach vom Jahre 828, nach welcher die Gränze des dem Kloster geschenkten Landstrichs (des sogenannten Pirmanswaldes) von dem Wässertenthal auf den Ahnersberg (an der südlichen Gränze des Landauer Waldes); von diesem durch die gepflasterte Straße auf den Langenberg (de Almorsherc per plateam in Langeberc) lief. Uebereinstimmend damit sagt das alte Wilgartswieser Weisthum an dieser Stelle: den Wässertenthal uffen biß in die hohe Straß, dieß außen bis zu dem Lochtertenstein auf den kleinen Abelberg u. s. w.

Zwischen Hochstetten und Schmalenberg scheint eine Seitenstraße nach Kaiserslautern abgegangen zu sein, da nach dem Landauer Vertrage vom Jahre 1612 Kurpfalz auf der Straße von Landau über Cuffersthal nach Kaiserslautern das Geleitsrecht auszuüben hatte.

2. Straße von Landstuhl nach Bitsch. Diese scheint von dem Wege von Landstuhl nach Bann in südlicher Richtung abgegangen zu sein, und zwischen Zeselberg und Weselberg hindurch nach Höheinöd geführt zu haben, wo sie in dem Walde Seiters noch sichtbar sein soll. Auch befindet sich hier der Schloßberg, dessen Namen von einem römischen Kastell abgeleitet wird. Vermuthlich ist dieser Schloßberg derselbe, welcher in einer Beschreibung des Donsiederer Forstes aus dem vorigen Jahrhunderte das Steiner Schloß genannt wird. Nach dieser Beschreibung lief nämlich die Gränze „von Höheinöd auf den Kirschborn durch den Forst hinüber auf das Steiner Schloß, dann durch die Bach hinab auf Fröschen."

Von Höheinöd scheint die Römerstraße über das Thal der Steinalb nach Höheischweiler und Winschberg geführt zu haben, wo sich wieder Spuren römischer Ansiedelungen vorfinden. Tilemann Stella erwähnt nämlich hier „ein alt und heidnisch Hofstatt, unten an dem Blauel und bei der Kellersglamen gelegen", und nach dem Intelligenzblatte 1819 S. 524 und 1821 S. 754 werden in Winschberg selbst unter der Erde noch häufig Fundamente ausgegraben.

Bei Winschberg wurde das Thal der Felsalb überschritten, und jenseits desselben wieder die Höhe gewonnen. Auch hier fanden sich früher Spuren römischer Gebäude. Tilemann Stella sagt nämlich: In der obersten Pitsitters findt man etlich Quaderstein von alten Gebäuen, desgleichen in dem Osters.

Die Richtung deutet entweder auf Bottenbach, früher der Sitz eines Rittergeschlechtes, oder auf die Waldungen des Stausteiner Hofes, wo sich Grabhügel befinden sollen. Das Endziel dieser Straße war offenbar Bitsch.

3. Straße von Landstuhl nach Ebernburg. Wir erwähnen diese Richtung nur, um eine nähere Prüfung zu veranlassen. Sie scheint über Rodenbach, Hirschhorn und Schallodenbach nach dem Felsberger Hofe gegangen zu sein. Zwischen Rodenbach und dem

Schellenberger Hofe sollen sich zahlreiche Grabhügel vorfinden, welche für diese Richtung sprechen würden. Dann wäre auch die steinerne Brücke über die Lauter bei Hirschhorn, von welcher in der Einleitung Erwähnung geschah, auf natürliche Weise erklärt. Daß Schallodenbach, welches bei dieser Annahme auf einer Kreuzung gelegen gewesen wäre, wahrscheinlich schon eine römische Burg war, haben wir bei einer andern Gelegenheit bemerkt.

4. Straße von Landstuhl nach Altenglan. Eine solche Straße, welche über Ramstein, Reichenbach und Friedelhausen geführt haben soll, wird im Int.-Bl. 1820 S. 751 und 1827 S. 248 angedeutet. Nach unserer Meinung dürfte sie jedoch eher in der Richtung von Ramstein über Fockenberg und den Potsberg zu suchen sein. Auf dem Wege von Landstuhl nach Ramstein, im sogenannten Pferch, wurden schon Reste von Gebäuden mit verkohltem Korn und Stroh gefunden.

21. Lauterburg.

Obgleich wir Lauterburg schon bei der Beleuchtung der Rheinstraße erwähnt haben, so müssen wir doch nochmals darauf zurückkommen, weil Andeutungen vorliegen, daß von hier aus eine Römerstraße direct nach Neustadt führte. Zwar sind diese Anzeichen nur schwach, aber doch bedeutend genug, um eine genauere Prüfung zu verdienen.

Für die Annahme einer solchen Straße spricht nämlich nicht nur die auffallend gerade Linie der Dörfer Randel, Offenbach, Essingen, Großfischlingen, Benningen und Kirrweiler, von denen die meisten Sitze von Rittergeschlechtern waren, sondern auch der Umstand, daß diese Straßenrichtung an mehreren Punkten zugleich die Gemarkungsgränze von Dörfern und ehemaligen Herrschaften bildet. In Essingen, Großfischlingen und Kirrweiler befanden sich mit Wassergräben umgebene Tiefburgen, über deren Entstehung nichts mehr bekannt ist. Von jener in Großfischlingen sagt Beyerlin in seiner Beschreibung von Kleinfrankreich, sie habe bei den Römern Fiscalia geheißen. Es wäre nicht unmöglich, daß dieser

Behauptung etwas Wahres zu Grunde liegt und der Ort unter den Römern eine villa fiscalis war, denn daß das Dorf nicht von den Fischen seinen Namen haben könne, muß Jedem einleuchten, welcher dessen Lage kennt.

Erst hinter Kirrweiler finden sich bestimmtere Spuren einer solchen Römerstraße; sie bestehen in einem Feld- (eigentlich Gewannen-) Wege, welcher zum Unterschiede von der vordern Schmalstraße, oder der großen Straße von Straßburg nach Bingen, den Namen der hintern Schmalstraße führt, und mit der ersteren beinahe parallel in der Richtung gegen den Spitalhof läuft. Der Name Schmalstraße läßt erkennen, daß es sich hier um eine Römerstraße handelt, und die Richtung zeigt auf keinen größeren Ort als Lauterburg.

25. Lemberg.

Die Burg Lemberg, im Mittelalter Lewnburg genannt, auf der Ostseite des Dorfs Lemberg, südöstlich von Pirmasens, gelegen, ist nach den zum Theil werthvollen Alterthümern, welche der verstorbene k. Gerichtschreiber Geisel in den 1820er Jahren in einem verschütteten Gange aufgefunden hat, ohne allen Zweifel eine römische Burg. Man wird daher annehmen können, daß sie zur Deckung einer oder mehrerer Straßen bestimmt war.

Allein, woher diese Straßen kamen und wohin sie gingen, sind Fragen, auf welche wir wegen Mangels an Lokalkenntniß keine genügende Antwort zu geben vermögen. Indessen werden einige Andeutungen vielleicht die Forschungen Anderer erleichtern.

Die alten Landkarten enthalten eine Straße, welche von Bitsch in nordöstlicher Richtung zwischen Hilst und Eppenbrunn, sodann zwischen dem Rambronner und Ketterischer Hofe durch, südlich an Lemberg vorbei gegen den Salzwoog und Hinterweidenthal zog. Ob diese Straße, welche auf neueren Karten sich nicht mehr findet, noch vorhanden, und ob sie römischen Ursprungs sei, darüber wird nur an Ort und Stelle entschieden werden können.

Weiter kommt hier ein Burgfriedensbrief von Lemberg vom

Jahre 1391 in Betracht, weil er eine andere Straße erwähnt. Nach ihm ging nämlich die Burgfriedensgränze von Ruppertsweiler anfangend „die Köf= (Kauf=) Straße hinauf bis an die lange Kehle, von der langen Kelen bis an den Robalber Hof die Straße hinaus, und vom Robalber Hof den alten Weg hinab bis wieder gen Ruppertsweiler."

Endlich dürfte eine alte Gränzbeschreibung des Robalber Hofs, welche von einigen Straßen Nachricht gibt, nicht ohne Interesse sein. Als nämlich Friedrich, Herr zu Bitsch, im Jahre 1196 dem Kloster Stürzelbrunn den Besitz des Robalber Hofes (südlich von Pirmasens) bestätigte, beschrieb er auch die Gränzen dieses Gutes. Diese Stelle lautet nach der von Calmet (hist. de Lorraine S. 411) und von Remling (Urkundenb. der Bisch. von Speyer I. S. 132) publicirten Urkunde in deutscher Uebersetzung folgendermaßen: Von der Meigelenbrücke (vergleiche darüber die Einleitung) in das Busons= oder Bufonsthal, dann in das Mäusethal, von hier aufwärts bis auf den Gipfel des Ruhenbergs, und in gerader Linie auf dem Rücken desselben bis zur Straße, welche zu den drei Eichen führt, von hier auf die Wasserscheide (semits), welche auf den Berg Chetterich führt, und in gerader Richtung auf der Wasserscheide bis zu der Eiche, wo sich das Gut Dutschscheit endigt. Von da abwärts an die Robalb, über diese hinüber, den Berg hinauf bis zur Straße, welche zum Dorf Eybenbette (vielleicht Oberfimten) führt, und die Straße hinab bis auf den Kreuzweg, dann aufwärts bis auf den Bergrücken, diesen der ganzen Länge nach fort bis zum Berg Buchenscheit, über diesen hinüber bis zu dem Gränzstein, welcher der Markstein heißt, welche hinab auf die Straße, und von dieser Straße wieder an die Meigelenbrücke.

---

26. Die Merburg.

Tilemann Stella sagt in seiner Beschreibung der Aemter Zweibrücken und Kirkel vom Jahre 1568:

Die Merburg ist ein alter burgstall gewesen, hat an dem

Mertwoge auf einem hohen kop gelegen, man findt daselbst umher noch die mauren, dargegen über auf dem bühel hat das Daubhauß, so darzu gehört, gelegen, darvon derselbe buchel noch den namen behalt; zwischen diesen beyden ist ein gepflastert wegl durch den ort des Mertwogs gangen, welcher noch vorhanden ist, mag etwan zu der Zeit durch das Bruch gemacht sein worden, da der Mertwog noch nit ist gebaut gewesen.

Die Merburg war noch im 12. Jahrhundert bewohnt, denn 1172 und 1180 kommen Ritter von Merburg in Urkunden der Klöster Werschweiler und Eussersthal vor.

Das Daubhaus (columbarium) und der gepflasterte Weg durch den Mertwoog oder Mertweiher lassen erkennen, daß wir es hier mit einer ursprünglich römischen Burg zu thun haben. Allein wo lag sie? Wir wissen darüber keine Auskunft zu geben. Der 24. Hauptgrund, bei welchem Tilemann Stella sie erwähnt, begreift das Thal von Lambsborn in sich; allein, da er die Fortsetzung der Straße durch das Gebrüch vermuthet, so dürfte sie am Rande der Höhen gegen das Gebrüch, etwa zwischen Vogelbach und Mühlbach zu suchen sein. Ihre Auffindung würde vielleicht über die Verbindungsstraße von Zweibrücken nach Kreuznach, von welcher unten die Rede sein wird, Licht verbreiten.

27. Mutterstadt.

Der Ort Mutterstadt bietet dem Forscher einige Schwierigkeiten dar. Daß er ursprünglich ein römischer Flecken war, dafür spricht nicht nur die Endung des Namens, sondern auch die Umfassung mit Wall und Graben; allein welches waren seine Verbindungen, nachdem die Militärstraße von Speyer nach Worms in der Entfernung einer halben Stunde vorbeiführte. Wir gestehen ein, daß wir hierüber zur Zeit keine genügende Aufklärung zu geben im Stande sind.

28. Neukastel.

Die Burg Neukastel bei Leinsweiler, schon im Jahre 1123 unter dem Namen Nichastel, auch Nitcastel vorkommend, dürfte sich schon durch die Endung des Namens als ein ursprünglich römisches Kastell legitimiren. Daß dasselbe zum Schutze einer Straße bestimmt war, beweist der Namen der hohen Straße, eines in westlicher Richtung, beinahe in gleicher Höhe mit ihr fortführenden Waldweges.

Diese hohe Straße führt auf den bereits erwähnten Windhof, eine ebene Fläche zwischen der Burg Scharfenberg (der sogenannten Münze) und dem Rehberge, und scheint sich auf der Nordseite des Rehbergs, um diesen herum und an dem Asselstein vorbei gegen die Burg Lindelbrunn (Lindelboln) fortgesetzt zu haben. Vermuthlich war Bitsch das Endziel dieser Straße.

29. Neustadt an der Haardt.

Daß in oder bei Neustadt eine größere römische Niederlassung, eine alte Stadt, im Gegensatze zu welcher die neue Stadt diesen Namen erhielt, gelegen gewesen sei, wird durch die zahlreichen Alterthümer, welche man hier gefunden hat (vergl. Int.-Bl. 1823 S. 688, 1826 S. 585, 1828 S. 266), hinreichend bewiesen. Ob dagegen diese alte Stadt das römische Noviomagus sei, welches in der Peutinger'schen Tafel und in dem Itinerar des Antoninus vorkömmt, ist eine Frage, deren Beantwortung wir den gelehrten Sprachforschern überlassen.

Allem Anscheine nach lag die alte Stadt nicht genau auf der Stelle der jetzigen Neustadt, sondern näher gegen Wingingen hin, an dem südlichen Abhange des Hügels neben der heutigen Straße nach Musbach, namentlich in den Districten Götelstek und Haßbaum, wo die meisten Alterthümer ausgegraben wurden. Daß sie nach ihrer Zerstörung viele Jahrhunderte lang in ihrem Schutte gelegen, ehe die Baumaterialien zum Baue der neuen Stadt verwendet wurden, ist darum wahrscheinlich, weil das Dorf Wingingen die ganze Gemarkung an sich zog, und schon längst vor Neustadt im Besitze der Pfarrkirche war.

Neustadt lag nicht unmittelbar an der großen Römerstraße, sondern war mit ihr von Südosten her durch eine bei dem Spitalhofe abgehende, noch jetzt die Römerstraße genannte Seitenstraße verbunden. Eine gleiche Verbindungsstraße ging nordöstlich nach der Hauptstraße zurück. Sie scheint Anfangs in gerader nördlicher Richtung nach Lobloch, und von da in einer kleinen Krümmung in die Hauptstraße geführt zu haben. In Lobloch heißt noch jetzt der nach Deidesheim führende Weg der Römerweg, und der daranstoßende Weinbergdistrict im alten Schloß, obgleich urkundlich von einem alten Schlosse in dieser Gegend nichts bekannt ist. Die Stelle, wo diese Straße in die Hauptstraße einmündete, dürfte bei dem steinernen Postamente zu suchen sein, welches sich in einem Acker neben der Straße nach Deidesheim befindet und der Sage nach von einem Gutleuthause herrühren soll.

Von den sonstigen Straßen, deren Mittelpunkt die römische Niederlassung bei Neustadt war, werden wir jene nach Speyer bei dieser Stadt erörtern und hier nur noch die Verbindungen mit Kaiserslautern, Altrip und Hördt betrachten.

1. Straße nach Kaiserslautern. Sie führte augenscheinlich im Neustadter Thal hinauf bis an die Einmündung des Elmsteiner Thals bei Frankeneck. Hier, wo schon im Jahre 977, wie in der Einleitung bemerkt, eine steinerne Brücke, wahrscheinlich die heutige Kreuzbrücke, bestanden hat, führte die Straße auf den Bergrücken, welcher sich gegen Hochspeyer hinzieht. Ein Walddistrict auf der Höhe heißt die Heidenbrunner Halde, ein anderer Pflasterberg, vielleicht von einem ehemaligen Straßenpflaster.

Daß schon in alten Zeiten eine Straße auf der Höhe durch die Frankweide gegen Kaiserslautern führte, unterliegt keinem Zweifel. Eine Andeutung derselben findet sich in der Gränzbeschreibung der mittlern Frankweide vom Jahr 1573. Nach derselben lief nämlich die Gränze vom Wasserstein an den Weidenthaler Pfad, den Pfad außen hin auf die Straße, die nach dem Michelberg (jetzt großer Berg) hinausgeht, bis wo die Straße und der

Pfad wieder zusammenkommen, sodann die Straße außen bis an das Meißenthal.

Ob diese Straße über Hochspeyer, oder, was wahrscheinlicher ist, an der Burg Beilstein vorbei direct nach Kaiserslautern geführt habe, bleibt einer näheren Untersuchung vorbehalten.

2. **Straße nach Altrip.** Obgleich für diese Verbindung nur sehr schwache Andeutungen vorliegen, so möchten wir doch die Aufmerksamkeit darauf lenken, weil weitere Forschungen vielleicht Licht darüber verbreiten. Zu ihrer Erläuterung müssen wir in der Mitte anfangen.

Der Fundort des im Jahre 1835 ausgegrabenen sogenannten goldenen Hutes, einer keltischen Kopfbedeckung aus gediegenem Golde, welche sich gegenwärtig in einer der k. Sammlungen zu München befindet, liegt in der Nähe des heutigen Bahnhofes von Schifferstadt. An dieser Stelle soll nach der Angabe der Einwohner von Schifferstadt eine Straße vorbeigeführt haben, deren Richtung sich in trockenen Sommern an dem schlechteren Stande der Feldfrüchte erkennen lasse; sie ziehe sich einerseits gegen Iggelheim, anderseits gegen Altrip.

Gehen wir hievon aus, und verfolgen zunächst die Richtung gegen Iggelheim, so treffen wir, nordöstlich von diesem Orte, auf einen verschütteten Feldbrunnen, welcher unsere Aufmerksamkeit verdient. Neben demselben, in dem Acker Plan-Nro. 9416, wurde nämlich ein wohlerhaltener, vierseitiger Altar mit Figuren und Inschrift, nebst den Bruchstücken einer Säule, welche auf dem Altare gestanden zu sein scheint, ausgegraben. Die Stücke der Säule wurden verschleudert, der Altar selbst aber in Iggelheim an einem Magazin als Eckstein eingemauert, so daß noch zwei Seiten desselben zu sehen sind. Dieser Fund war nicht vereinzelt. In den anstoßenden Aeckern befanden sich früher Grabhügel, und in der Richtung gegen Haßloch sollen sich noch so häufig Fundamente von Gebäuden vorfinden, daß die Sage entstand, Haßloch und Böhl hätten hier ehemals an einander gestoßen.

Der auf der Nordseite von Haßloch, in der Richtung von Osten nach Westen vorbeiziehende Feldweg heißt der Heierweg, offenbar eine Verdrehung von Heerweg. An demselben, in der

Nähe des heutigen Begräbnißplatzes von Haßloch, wurde früher in einem, dem Phil. Heinr. Eisenmayer gehörigen Acker ein Stein mit einem Brustbilde ausgegraben. Die Verbindung dieses Heierwegs mit Neustadt bedarf noch einer näheren Nachweisung. Wahrscheinlich lief sie an dem Rande der Niederung des Rehbachs hin, und mündete in den alten Musbacher Weg ein.

3. **Straße nach Hörbt.** Auch für diese Straße sind die Anzeichen schwach; sie bestehen nur in einer Linie von Orten, welche früher Sitze von Rittergeschlechtern waren und daher vermuthlich auch Burgen besaßen. Diese Orte sind Lachen, Duttweiler, Altdorf und Zeiskam. Zwischen den beiden letzteren, an der Kreuzung mit der von Speier nach Landau führenden Straße, von welcher später die Rede sein wird, befindet sich der Platz, auf welchem ehemals das Johanniter-Ordenshaus Halmbach gestanden. Da man früher zu solchen Bauten, zumal in Gegenden, wo die Bausteine in der Ferne geholt werden mußten, Plätze auszusuchen pflegte, wo die Baumaterialien bereits vorhanden waren, so ist zu vermuthen, daß dieses, ehemals von Wassergräben umgebene Johanniterhaus, welches schon im Jahr 1207 bestand, auf römischen Fundamenten ruhe. Von Zeiskam, dessen Burg am östlichen Ende des Dorfes lag, scheint diese Straße in gerader Linie, ohne Bellheim zu berühren, nach Hörbt geführt zu haben. Sie kam also in der Nähe der ehemaligen Reichsburg Spiegelberg vorbei, welche beiläufig 100 Schritte unterhalb der heutigen Spiegelbrücke, auf einer sandigen Erhöhung am Spiegelbache lag. Der Namen dieser schon im Jahre 1103 vorkommenden, jetzt bis auf die letzten Spuren verschwundenen Burg deutet an, daß sie schon zur Römerzeit eine Burg mit einem Leucht- (Spiegel-) Thurme war. —

30. Reinheim an der Blies.

Dicht bei dem Dorfe Reinheim, jedoch auf dem linken Ufer der Blies, wurden schon viele Alterthümer ausgegraben. Eine starke Grundmauer mit angebautem halbrundem Thurme, eine sorgfältig gearbeitete kleine Statur aus Sandstein (gegenwärtig im Antiquarium zu Speyer) und werthvolle Gegenstände beweisen, daß hier mehr als eine bäuerliche Niederlassung bestanden haben müsse.

Ohne Zweifel war dieser Ort durch Straßen mit der Nachbarschaft verbunden. Bisher hat man jedoch noch keine derselben nachzuweisen vermocht. Vielleicht gibt indeß eine Stelle in dem alten Weisthum der Herrschaft Rimlingen in Lothringen, zu welcher Rehnheim früher gehörte, einen Anhaltspunkt zu weiteren Forschungen. Darnach lief die Gränze dieser Herrschaft von der Bachmühle bei Bliesbrücken „schlecht den Herrweg uß über Reinheimer Hirßfeld unten am Castelrech, von dannen gen Guebheim an die Fürt." Nicht nur der hier erwähnte Heerweg, sondern auch der Namen Castelrech verdient Beachtung, da darunter die Stelle eines ehemaligen Kastells zu verstehen sein dürfte.

31. Rheinzabern.

Wir müssen nochmals auf Rheinzabern zurückkommen, weil außer der großen Rheinstraße und der Straße nach Altenstadt, von denen bereits oben die Rede war, noch einige andere Verbindungen bestanden, die eine kurze Erwähnung verdienen. Es sind dieses folgende:

1. Straße nach Hördt. Beiläufig ¼ Stunde nördlich von Rheinzabern zweigt sie sich von der großen Rheinstraße ab, überschreitet als Hohlweg, also mittelst einer Furt, den Rotenbach und zieht sich als Feldweg bis Hördt fort. Daß dieser Ort zu den römischen Ansiedelungen zu rechnen sei, haben wir bereits oben erwähnt.

2. Daß von Rheinzabern aus eine Straße nach dem Rheinübergange bei Leimersheim oder Leopoldshafen führte, kann man als selbstverständlich annehmen. Noch im Jahre 1491, also zu einer Zeit, wo man noch keine neuen Straßen zu bauen pflegte, wird die Straße von Rheinzabern nach Schröck (Leopoldshafen) erwähnt.

3. Nach Bergzabern soll die sogenannte Försterstraße geführt haben, ein Hochweg, der, ohne einen Ort zu berühren, auf der Wasserscheide zwischen dem Otter- und Erlenbach vier Meilen weit fortzieht. (Zeitschrift des Vereins von Alterthumsfreunden u. s. w. II. S. 162).

4. Vermuthlich führte auch eine Straße nach Landau, allein von ihr sind nur noch schwache Andeutungen vorhanden. Wenn sie wirklich bestanden hat, so muß sie durch den Walddistrict Ochsenweg und den westlichen Theil des Dorfes Herzheim, sodann auf der Höhe zwischen den Orten Herzheim und Insheim einerseits und Offenbach anderseits mitten hindurchgeführt haben. Ein Feldweg, welcher beiläufig diese Richtung hat, heißt bei Herzheim weiher der Heerweg.

32. Die Burg Riesweiler.

Beiläufig 1½ Stunden südwestlich von Hornbach, dicht an der französischen Gränze, bei dem Oertchen Riesweiler erhebt sich eine schwach ansteigende, jetzt mit Feldern bedeckte Anhöhe, von welcher man eine sehr ausgedehnte Fernsicht hat. Man erblickt sogar über die Vogesen hinaus die Berge des Schwarzwaldes.

Diese Höhe heißt von jeher die Burg Riesweiler. Tilemann Stella sagt darüber:

> Endlich muß ich allhie auch meldung thun von der alten heidnischen Burg, welche über Brenstelbach gelegen ist, nit weit von Ormsweiler, und die alte Burg zu Riesweiler genannt wirdt, davon sagen die bauren daselbst umher, das sie auch von den Heiden gebauwet und bewonet gewesen sey. Sie liegt auf einer großen ziemblichen Höhe, man findt zu Breinstelbach in der kirchen ein alten vierecketen stein, darauf stunden an den vier seitten vier alte heidnische Abgötter, einer war der Hercules mit seiner keule und der Löwenhautt, der ander war Mercurius mit seinem Caduceo, Beuttel und Hahnen, das dritt bildt war ein Pallas oder Minerva, das bildt war ganz kunstreich, artig

und wohl gemacht. Das vierte Bild war gar zerschlagen, also das ich nichts namhaftiges daraus machen konnte. (Auf dem Rande steht hier geschrieben; das vierte Bild war Juno). Dieser Stock, wie ich dafür halt, ist von der alten Burg zu Risweiler gegen Breinstelbach gebracht worden.

Es dürfte hienach keinem Zweifel unterliegen, daß die Burg zu Riesweiler ursprünglich ein römisches Kastell war. Zum Ueberflusse hat sich hier auch ein Stück der alten Römerstraße erhalten, welche unter dem Namen der Königsstraße von Utweiler her an der Ostseite der Burg vorbei in der Richtung gegen Altheim führt. Sie besteht in einem Rollpflaster aus den hier vorkommenden Kalksteinen, welche auf die Kante gestellt sind. Das Endziel dieser Straße war gegen Norden offenbar Schwarzenacker, gegen Süden aber Klein-Rebrichingen in Frankreich, wo schon viele Alterthümer ausgegraben wurden (vergl. Int.-Bl. 1822 S. 127 und 144).

Ob noch andere Verbindungsstraßen von der Burg Riesweiler abgingen, wäre noch näher zu untersuchen. Vielleicht führte eine nach Hornbach hinab, eine andere nach Ixheim und Zweibrücken. Die letztere müßte auf der Höhe geblieben, und etwa bei dem Birkhäuser Hofgute in das Thal geführt haben. Für ihre Existenz spricht der Namen der hohen Straße, welchen dieser Weg führt. In einer Beschreibung der dem Kloster Hornbach gehörigen Güter in Altheim vom Jahre 1663 kommt nämlich unter anderen vor:

 20 Morgen Wilderung und Heden vor Morfitters, zwischen der Brandstaut und Morfitters, auch neben der Straßen hin, und stoßt auf einem Ende gegen Hornbach auf die hohe Straße, gegen Altheim auf des Klosters obgemeldt 2 Morgen.

Auch eine Straße von Medelsheim über Schorbach nach Bitsch könnte an Riesweiler vorbeigeführt haben. Für die Existenz einer ehemaligen Straße in dieser Richtung spricht der Umstand, daß, als im Jahr 1447 ein allgemeiner Krieg gegen die Herrn von Lützelstein begann, und es sich zunächst um die Wiedereroberung von Bitsch handelte, die aus dem Westriche kommenden Truppen sich in Nebelsheim sammelten, und über Schorbach gegen Bitsch vorrückten. Da man damals mit großen Wagenburgen ins Feld zog, so muß eine noch brauchbare Straße vorhanden gewesen sein. Nebelsheim selbst, welches im Jahre 888 eine königliche Villa und in dem Lehenrevers des Grafen Walram II. von Zweibrücken gegen den Erzbischof Balduin von Trier vom J. 1334 „Stadt und Burg Nebelsheim genannt wird, damals also noch Stadtmauern besaß, ist unzweifelhaft römischen Ursprungs.

33. Rockenhausen.

Rockenhausen an der Alsenz war ehemals ein Städtchen und hatte eine Burg, welche 1242 Rußinberg genannt wird, seit 1470 aber aus der Geschichte verschwindet. Ob diese innerhalb oder außerhalb des Städtchens lag, wird jetzt schwerlich mehr zu ermitteln sein. Da jedoch in Rockenhausen schon mehrere römische Denksteine aufgefunden worden sind (Int.-Bl. 1823 S. 688, 1828 S. 74), so werden wir diesen Ort unbedenklich unter die römischen Orte einreihen dürfen.

Ueber die Verbindungen von Rockenhausen fehlt es noch an allen näheren Nachweisen. Wir werden jedoch folgende annehmen können:

1. Straße nach Kreuznach. Obgleich die Römer ihre Straßen nicht gerne in den Thälern führten, so scheint doch eine Straße durch das Alsenzthal nach Kreuznach gegangen zu sein, weil mehrere der auf dieser Route liegenden Orte römische Alterthümer aufzuweisen haben. In Dielkirchen wurde in der Kirchhofmauer ein römischer Altar mit Figuren gefunden (Int.-Bl. 1829 S. 181), Alsenz scheint sich schon durch seinen alten Namen Alisontia, unter welchem es im Jahre 893 vorkommt, als römischen Ort zu legitimiren, und von Hochstätten endlich, schon 1109 Hosteden genannt, gilt das, was wir in der Einleitung über die Endung Statt und Stetten gesagt haben. Ob etwa die an dieser Straße liegenden, offenbar zu ihrem Schutze erbauten Burgen Stolzenberg, Randeck und Altenbaumburg gleichfalls römischen Ursprungs seien,

müssen wir zur Zeit noch dahingestellt sein lassen. Ebenso bedarf es noch einer nähern Prüfung, ob von Rockenhausen auch eine Straße an der Alsenz hinauf, etwa gegen Kaiserslautern, geführt habe. Auf dieser Route lag auf dem rechten Ufer der Alsenz ehemals die Burg Imsweiler. Dieselbe war 1242 noch nicht gebaut, denn der Platz hieß damals noch, offenbar von einer älteren, vielleicht römischen Burg, der Burgborg.

2. Eine andere Straße scheint von Rockenhausen über den Lichten- und Frankenberg und durch den District Straßenwald nach dem Roßberge bei Becherbach geführt zu haben, von welchem wir noch besonders handeln werden. Ob auch in entgegengesetzter Richtung eine Verbindung über den Hintersteiner Hof, Falkenstein und Hohenfels gegen Speier oder Altrip ging, muß erst eine nähere Untersuchung lehren.

3. Für eine Straße, welche von Rockenhausen über Alzei nach Oppenheim führte, liegen zwar nur schwache Andeutungen vor, allein sie verdienen gleichwohl Beachtung, weil, wenn sie sich als richtig bewähren, vielleicht auch eine weitere Fortsetzung von Rockenhausen gegen Südwesten, und damit zugleich eine Linie von Metz nach Oppenheim hergestellt werden kann. Das Einzige, was zur Zeit für eine solche Straße spricht, ist der Umstand, daß von Morschheim aus eine Römerstraße über Alzei nach Oppenheim führte, und daß, wenn man diese Linie verlängert, sie auf Rockenhausen zeigt.

In dem frühern Mittelalter war es üblich, Länderteilungen in der Art vorzunehmen, daß Bäche, Flüsse und Straßen als die Gränzen der beiderseitigen Territorien angenommen wurden. So geschah es auch, als im Jahre 1268 die Gebrüder Werner und Philipp von Bolanden ihre Besitzungen theilten. Sie bestimmten als Gränzlinie die Straße von Morschheim (bei Kirchheimbolanden) entlang zwischen Kettenheim und Alzei über die steinerne Brücke bei Schafhausen, von da zwischen Oberheim und Rungernheim über die steinerne Brücke, sodann gerade aus zwischen Ulmersheim und Dolgesheim über Dienheim nach Oppenheim. (Köllner, Gesch. der Herrschaft Kirchheimbolanden ꝛc. S. 59).

Da unter Straßen in der damaligen Zeit keine andere als

Römerstraßen zu verstehen sind, so dürfte die Strecke von Oppenheim bis Morschheim keinem wesentlichen Bedenken unterliegen. Die Fortsetzung derselben in südwestlicher Richtung zeigt auf dem Leithof bei Kirchheimbolanden und auf den nördlichen Fuß des Donnersberges. In der That heißt die von diesem Punkte, dem sogenannten Bastenhaus gegen Kirchheimbolanden führende Straße noch gegenwärtig die Römerstraße.

In der Nähe des Bastenhauses scheint sich diese Straße getheilt zu haben; ein Arm führte über Marienthal, wo schon um das Jahr 1145 ein Kloster gegründet wurde, nach Rockenhausen, der andere am Fuße des Donnersberges hin gegen Falkenstein. Diese letztere Richtung ergibt sich aus einer Gränzbeschreibung der Klostervogtei Marienthal vom Jahre 1639, worin es heißt:

und demnach von Mergenthal (Marienthal) hinumb an die Straß unter dem Donnersberg, und dieselbig stroß richt hin außen biß an das ortt, da die mort kamer angeet.

Jenseits Rockenhausen scheint die Römerstraße nach dem Felsberger Hofe, den wir schon mehrmals als den wahrscheinlichen Kreuzungspunkt mehrerer Straßen bezeichnet haben, geführt zu haben. In dieser Richtung, zwischen Rockenhausen und Dörrenbach, wurden schon viele Alterthümer ausgegraben.

34. Der Roßberg.

Der Roßberg zwischen Becherbach und Gangloff, und namentlich der Punkt desselben, wo die Gemarkungen von Becherbach, Nußbach und Waldgrehweiler zusammenstoßen, war früher einer der reichsten Fundorte römischer Alterthümer (Int.-Bl. 1828 S. 388). Es ist daher zu vermuthen, daß hier eine der bedeutenderen militärischen oder bürgerlichen Niederlassungen bestanden habe.

Ueber die Straßen, welche vom Roßberge ausgingen, herrscht noch völlige Ungewißheit. Wir können daher nur unsere Vermuthungen aussprechen und müssen die weitere Prüfung den in der Nähe wohnenden Freunden der Geschichte überlassen. Daß eine Straße über Reipoltskirchen nach Altenglan, und eine andere nach Rockenhausen geführt haben dürfte, haben wir schon bei diesen Orten erwähnt. Vermuthlich bestand auch eine Verbindung mit der Römerstraße, welche aus der Gegend von Trier über Frauenburg und Odenbach am Glan nach Kreuznach führte. In dieser Richtung liegt nämlich das Dorf Ginsweiler, wo schon viele Alterthümer, darunter auch zwei steinerne Löwen von beiläufig halber natürlicher Größe gefunden wurden.

35. Schifferstadt.

Wir heben die Römerstation Schifferstadt nur darum hervor, um der allgemein verbreiteten, nach unserer Ueberzeugung aber irrigen Ansicht entgegenzutreten, als ob dieser Ort von einer Schiffsstation, etwa einem Hafen den Namen hätte. Das heutige Dorf Schifferstadt liegt 53 Fuß über dem Rheinspiegel bei Waldsee, rings umher ist nirgends eine Niederung vorhanden, welche auch nur annähernd bis in das Niveau des Rheins sich senkt. Der nächste tiefe Punkt (beiläufig $1/2$ Stunde entfernt), ist die Niederung bei der Rehhütte, welche zwar von dem ehemaligen Rheinlaufe herrührt, allem Anscheine nach aber zur Zeit der Römer bereits verlandet war. Noch weniger kann die Niederung östlich von der Straße von Schifferstadt nach Dannstadt, gleichfalls ein ehemaliges Rheinbett, damals ein See oder Hafen gewesen sein, denn sie war durch die Straße von Speier nach Worms vom Rheine völlig abgeschnitten. Endlich ist auch das Terrain am Rehbache hinauf nicht so tief, daß ein schiffbarer See daselbst angenommen werden könnte.

Man wird daher für den Namen Schifferstadt eine andere Ableitung suchen müssen. Für Sprachforscher, welche sich damit befassen wollen, bemerken wir, daß die ältesten Namen des Orts Scivestat und Skeferstat sind.

36. Schwarzenacker und Werschweiler.

Bei dem heutigen Hofe Schwarzenacker, beiläufig 1 Stunde südlich von Homburg, auf der Straße nach Zweibrücken gelegen, wurden schon so viele römische Alterthümer ausgegraben, daß man hier eine der bedeutendsten römischen Niederlassungen anzunehmen genöthigt wird. Den Mittelpunkt derselben scheint eine beiläufig 20—30 Fuß über dem Flußbette der Blies liegende, gegen Süden und Westen durch senkrechte Felsenwande geschützte Ebene gebildet zu haben, auf welcher jetzt einige Häuser einer neuen Ansiedelung, Schwarzenbach genannt, stehen. Südlich von dieser Stelle, jenseits des Wiesenthales, durch welches ein kleiner Bach, von Tilemann Stella Grünbolbach genannt, fließt, liegt der Hof Schwarzenacker, bei welchem im Jahr 1729 ein römisches Bad ausgegraben wurde (vergl. Schöpflin, Als. ill. I. 529). Beiden Punkten gegenüber, durch die Blies getrennt, erhebt sich der Werschweiler Klosterberg, ein von Süden nach Norden ziehender, dann steil abfallender Bergrücken, auf dessen nördlichem Ende die Ruinen des Klosters Werschweiler stehen. Vor dem südlichen Eingange dieses Klosters befindet sich eine ziemlich hohe und kreisförmige, aus Steintrümmern gebildete Erhöhung, der man sogleich ansieht, daß sie nicht von der Natur gebildet sein kann.

Wir müssen diese Beschreibung der Lokalitäten vorausschicken, um die folgenden Zeugnisse über die große Bedeutung dieser Niederlassung verständlich zu machen. Das erste ist jenes von Tilemann Stella, welcher sagt:

Unten am 24. Hauptgrund liegt ein schöner acker, der schwarz acker genannt, darauf findt man noch vill alter heydnischer Müntz.

Bald darunter und jenseit der Grundelbach liegt ein Hübel, der Heidenhübel genannt, da soll vor zeitten ein alt heidnisch Statt gelegen sein, und ist wohl glaublich, da dieselbige Inwoner ihre alte und abgottische Tempel gehabt haben auf dem berge dargegen über, da jtz Werschweiler liegt, solches zeigt der buhel an, so noch hie außen vor dem Kloster liegt; item man hatt auch noch vor wenig

Jaren alte und heidnische Bilder der Abgötter in dem Kloster Wersweiler gefunden, welche nunmehr zerschlagen sind.

Nicht minder wichtig ist ein anderes Zeugniß, welches in einer alten Aufzeichnung eines Mönchs von Werschweiler besteht. Zwar ist der geschichtliche Theil derselben nur eine Fabel, allein immerhin wird dadurch die Existenz einer römischen Stadt an dieser Stelle bestätigt. Die fragliche, von Professor Joannis aufbewahrte, in lateinischer Sprache abgefaßte Aufzeichnung lautet in deutscher Uebersetzung:

Wie die alten Mönche von Werschweiler von ihren glaubwürdigen Vorfahren als wahr vernommen haben, stand zu der Zeit, als die Trierer in vielen Gegenden herrschten, und die Römer ihnen unterthan und tributpflichtig waren, auf dem Berge, wo jetzt das Kloster ist, auf einem kleinen Berge vor der Klosterpforte eine Burg, welche der Ruhm der Römer genannt wurde, und in der Ebene, an dem Fuße des Berges, neben der Brücke über die Blies eine große und bevölkerte Stadt, so groß wie Worms, wie man sagt. Herr dieser Burg und Stadt war ein Graf von Saarwerden, Werner genannt, und wenn die Römer den Trierern Widerstand leisten, oder einen Krieg gegen sie beginnen wollten, hatten sie in der genannten Burg und Stadt einen vortrefflichen Zufluchtsort, mit dessen Hilfe sie sogar bisweilen die Trierer besiegten. Dieses bedachten die Trierer, und als sie erfahren, daß die Römer in ihr eigenes Land zurückgekehrt seien, sammelten sie ein großes Heer, und zerstörten Burg und Stadt vom Grunde aus.

Von der ehemaligen Stadt ist zwar nichts mehr zu sehen, allein die zahlreichen Alterthümer, welche hier gefunden wurden (Int.-Bl. 1820, S. 390, 416), lassen wenigstens auf einen bevölkerten Ort schließen. Auch in dem Thale des Grundelbachs hinauf finden sich noch Spuren früherer Ansiedelungen. Die Stelle, wo jetzt der Hof Audenkeller steht, hieß schon, ehe dieser Hof gebaut war, wahrscheinlich von vorhandenen Kellergewölben,

der Überkeller, und die Felsen, auf denen von da aus der Fahr=
weg in das Thal führt, zeigen noch Spuren einer rohen Bear=
beitung.

Ungeachtet der anscheinend größeren Wichtigkeit von Schwar=
zenacker findet sich von einer durchlaufenden bedeutenderen Straße
keine Spur vor; vielmehr scheinen die Verbindungen mit anderen
römischen Stationen nur den Lokalverkehr vermittelt zu haben.
Zwar hat Schmidt zwei Straßen in dem k. preußischen Gebiete
aufgeführt, deren Ziel der Schwarzenacker gewesen sein soll: die
Rennstraße, welche vom Baruswalde über Schiffweiler und Lands=
weiler, sodann oberhalb Neunkirchen vorbei hierher gezogen sei,
und sodann die Straße vom Heerappel bei Forbach über Saar=
brücken, St. Arnual und Rentrisch hierher. Allein die erstere
dürfte eher auf Altstadt bei Limbach, als auf Schwarzenacker ge=
führt haben, die letztere aber wird von Dr. Schröter, welcher die
Römerstraßen um Saarbrücken speciell behandelt, nicht erwähnt,
weßhalb wir ihre Existenz zur Zeit noch bezweifeln.

Von den Verbindungsstraßen, welche vom Schwarzenacker
ausgingen und größere Wahrscheinlichkeit für sich haben, ist die
bedeutendste jene nach der Burg Niesweiler. Sie ging nach Einöd,
sodann quer über das Thal des Erbachs den Berg hinauf an
den Rosenhof, weiter auf der Höhe, an Wattweiler und Hengst=
bach vorbei nach Altheim und Niesweiler. Daß bei Einöd ehe=
mals ein gepflasterter Weg über das Wiesenthal geführt hat, wird
durch eine alte Sage bewiesen. Darnach soll auf einem noch jetzt
sichtbaren erhöhten Platz im Wiesenthale, im District Großwiese,
in alten Zeiten ein Einsiedler gelebt haben, auf dessen Betreiben
an der Stelle der heutigen Kirche, wohin von der Einsiedelei ein
Bepflasterter Weg geführt habe, eine Kapelle erbaut worden sei.
Auf dem gegenüber liegenden Berge, bei dem Rosenhofe, wurde
früher ein mit Inschrift und Figuren versehener Stein ausge=
graben, aber sogleich zerschlagen. In derselben Richtung, oberhalb
Hengstbach, wurden schon mehrmals Fundamente von Gebäuden
gefunden.

Die Verbindung zwischen Schwarzenacker und dem beiläufig
1 Stunde entfernten Blieskastel wurde durch die am Fuße des

Klosterbergs befindliche, in der Aufzeichnung des Mönches erwähnte Brücke über die Blies vermittelt. Ob in der Richtung dieser Straße das Bierbacher Almend liegt, auf welchem im Jahre 1819 viele mit Figuren verzierte Steine (Int.-Bl. 1822 S. 27) ausgegraben wurden, oder der zur Gemarkung von Bautkirchen gehörige District auf der Breit, von welcher der im Int.-Bl. von 1824 S. 1252 abgebildete Stein mit der Figur des Jupiter herrührt, müssen wir aus Mangel an Lokalkenntniß dahingestellt sein lassen.

37. Speier.

Daß die Stadt Speier, welche zur Zeit der Römerherrschaft jedenfalls weitaus die wichtigste Stadt unserer Provinz war, außer der bereits erörterten großen Rheinstraße noch viele andere Verbindungsstraßen hatte, läßt sich mit Sicherheit annehmen, obgleich von den wenigsten sich noch sichtbare Spuren erhalten haben. Diese Verbindungen waren von zweierlei Art: solche, welche nach den benachbarten Stationen auf dem linken Rheinufer führten, und solche, welche den Verkehr mit dem rechten Rheinufer vermittelten. Betrachten wir zunächst die ersteren.

1. **Straße von Speier nach Alzei.** Sie ging bei der nördlichen Warte, dem heutigen Chausseehause, von der großen Rheinstraße ab, zog durch Schifferstadt und Dannstadt, wo schon römische Alterthümer gefunden wurden (Int.-Bl. 1825 S. 1144), sodann durch Schauernheim und Fußgönheim nach Weisenheim am Sand, welches sich durch Wall und Graben, sowie durch die Kreuzesform im Innern als römischen Flecken verräth. Der von diesem Orte nach Süden führende Weg heißt noch heutzutage die Speierer Straße.

Von Weisenheim am Sand ging die Römerstraße zwischen Großkarlbach und Laumersheim durch nach Rolgenstein und Kleinbockenheim. Wir schließen dieses aus einer Stelle des Großkarlbacher Weisthums vom Jahre 1491, nach welcher „die Hörstraß, so weit sie Carlbacher und Laumersheimer Gemarkung von einanber scheibet", von beiden Gemeinden gemeinschaftlich unterhalten werden sollte. In Kleinbodenheim könnte der Hügel, auf welchem in den ersten Jahren des 16. Jahrhunderts die Emichsburg gebaut wurde, schon zur Römerzeit befestigt gewesen sein, weil sonst nicht abzusehen wäre, aus welchem Grunde dieser für eine Burg in keiner Beziehung vortheilhafte Platz ausgewählt wurde.

2. Straße von Speier nach Deibesheim. Ueber dieselbe sind nur schwache Andeutungen vorhanden, die wir indessen zur weiteren Prüfung doch mittheilen wollen. Sie scheint in der Richtung des heutigen Weges nach Iggelheim bis zu den sogenannten drei Brücken, sodann direct auf das westliche Ende des Dorfes Haßloch geführt zu haben. Von hier geht noch jetzt ein Feldweg in nordwestlicher Richtung nach Deibesheim. Derselbe durchschneidet eine Flur, wo nach der Volkssage ein Ort Schreinshausen gestanden sein soll, und noch jetzt Fundamente ausgegraben werden. Da ein Ort dieses Namens in der Geschichte völlig unbekannt ist, so könnten diese Reste auch von einer römischen Ansiedelung herrühren.

Weiterhin, wo dieser Feldweg die Staatsstraße von Musbach nach Meckenheim durchschneidet, nimmt er den Namen Schächerweg an, einen Namen, welcher nach Mone mit Heidenweg gleichbedeutend ist. Die bisherige Richtung führt auf die Hoheburg bei Ruppertsberg, von welcher schon bei Deibesheim die Rede war.

3. Straße von Speier nach Neustadt. Daß zwei so nahe, und so bedeutende Orte zur Zeit der Römerherrschaft durch eine Straße mit einander verbunden waren, darüber kann kein Zweifel obwalten. Um so auffallender ist es, daß sich bis jetzt noch keine vollkommen sichere Spur derselben hat ermitteln lassen.

Die im Mittelalter gebräuchliche Straße nach Neustadt ging bei den vorhin genannten drei Brücken von dem heutigen Wege nach Iggelheim ab, und führte, ohne einen Ort zu berühren, durch den Haßlocher und den Ordenswald direct nach Neustadt. Ob dieselbe jedoch römischen Ursprungs sei, muß erst eine genauere Untersuchung lehren.

Eine andere Straße führte auf einem kleinen Umwege gleichfalls nach Neustadt. Betrachtet man nämlich den Grundplan von Speier, so überzeugt man sich, daß, als Fortsetzung der heutigen Hauptstraße, in genau westlicher Richtung eine Straße abgegangen sein müsse. Diese Richtung deutet auf Dudenhofen, wo schon ein römischer Denkstein ausgegraben wurde (Int.-Bl. 1828. S. 384), sodann auf Hanhofen, wo der Bischof Raban von Speier im Jahre 1414, vielleicht auf einem, noch aus der Römerzeit befestigten Platze die Burg Marientraut zu bauen begann. Hinter Geinsheim scheint sich diese Straße getheilt zu haben; ein Arm ging mit Beibehaltung der westlichen Richtung weiter, der andere aber rechts ab nach Lachen und an den Spitalhof, von wo aus die bereits erwähnte Römerstraße über Winzingen nach Neustadt führte. Da diese Straße jedoch nicht die gerade Linie einhielt, so ist zu bezweifeln, ob sie die eigentliche Verbindungsstraße zwischen Speier und Neustadt war.

Wohin der andere Arm dieser Straße, welcher die westliche Richtung beibehielt, führte, ist noch nicht ermittelt. Zwischen Lachen und Duttweiler heißt er gegenwärtig der Kronenpfad.

4. Straße von Speier nach Landau und in das Westrich. Die Straße nach Landau, die hohe Straße genannt, ging ehemals entweder schon bei der südlichen Speierer Warte, oder erst in Heiligenstein von der großen Rheinstraße ab und führte von da über Schwegenheim, Weingarten, an der ehemaligen Johanniter-Komthurei Haimbach vorbei, nach Nieder- und Oberhochstadt, und von da nach Landau. Kurpfalz hatte darauf das Geleitsrecht von der Speierer Warte an bis Landau.

Der Hauptzug dieser Straße scheint jedoch an Landau vorbei nach Godramstein gegangen zu sein. Dieser Ort, welcher im Mittelalter mit Wall und Graben befestigt war, und sehr zahlreiche römische Monumente aufzuweisen hat (Int.-Bl. 1823 S. 1150 und 1314, 1824 S. 648 und 1828 S. 267), war ohne Zweifel schon zur Römerzeit ein Flecken. Hier theilte sich die Straße; ein Arm führte, mit Beibehaltung der bisherigen Richtung, durch Siebeldingen über die Queich, und jenseits derselben vermuthlich gegen den bereits mehrfach erwähnten Windhof am Fuße der Burg Scharfenberg, der andere aber über den Geilweiler

Hof nach Albersweiler und in das Annweiler Thal. Vor dem Geilweiler Hofe, an der alten Heerstraße, stand noch im Mittelalter der Geraidestuhl der großen Haingeraide.

Wir haben zum Schluße noch die Verbindungen zu betrachten, welche zwischen Speier und dem rechten Rheinufer bestanden. Es sind folgende:

a) in der Richtung gegen Rheinhausen. Diese Verbindung wird durch den Namen Herbgasse (Hergasse), welche noch heutzutage eine Straße in Speier führt, wahrscheinlich gemacht. Sichtbare Spuren derselben finden sich jedoch nicht mehr vor.

b) Straße nach Altrip und Ladenburg. Sie ging, vermuthlich zur Vermeidung der Rheinniederung, bei der nördlichen Warte (dem heutigen Chausseehause) von der großen Rheinstraße ab, und führte in gerader Linie durch Otterstadt (schon 1020 Obberstat genannt) nach Altrip. Daß sich auch von ihr keine sichtbaren Spuren erhalten haben, erklärt sich großentheils aus den bedeutenden Veränderungen, welche in dieser Gegend mit dem Laufe des Rheinstroms vor sich gegangen sind.

c) in der Richtung nach Philippsburg. Es wäre möglich, daß von der südlichen Speierer Warte eine Straße über Berghausen und Mechtersheim gegen Philippsburg führte. Der einzige Anhaltspunkt dafür ist zur Zeit eine Urkunde vom Jahre 1191, in welcher dem Kloster Euffersthal ein verlassenes Rheinfahrt zu Mechtersheim (deserta pars transitus) geschenkt wurde.

38. Sterrenberg.

Südlich von dem Dorfe Otterbach unweit Otterberg befanden sich früher auf dem Gipfel eines hohen Berges, welcher noch gegenwärtig der Schloßberg genannt wird, die Ruinen einer Burg, welche schon in den ältesten Urkunden als abgegangen vorkömmt. In den bischöflich speierischen Lehenbriefen, welche vom Jahre 1414 bis zum Jahr 1480 vorliegen, heißt nämlich diese Burgruine bald „das Burggestell des Bergs, genannt Sterrenberg", bald „das Burggestell das Heer, genannt Sterrenberg", bald endlich „das

Burggestell das Heege, genannt Sterrenberg." Die Dörfer Otterbach und Sambach gehörten dazu, und bildeten damit eine eigene, zuletzt den Grafen von der Leyen gehörige Herrschaft.

Die Bezeichnung Burggestell beweist, daß schon 1414 nur noch Ruinen vorhanden waren, deren eigentlichen Namen man nicht mehr kannte, und die Bezeichnung „das Heer läßt vermuthen, daß in der Nähe eine Heerstraße vorbeiführte. Es wäre deßhalb zu wünschen, daß in dieser Beziehung eine nähere Prüfung des Schloßberges und seiner Umgebung stattfinden möchte.

---

39. Weisenheim am Sand.

Dieses Dorf war ehemals mit Wall und Graben umgeben, und ist ganz nach römischer Vorschrift gebaut, es wird daher auch zu den römischen Flecken zu rechnen sein, zumal auch Anzeichen mehrerer von hier ausgehender Römerstraßen vorliegen. Die eine davon, die Straße von Speier über Weisenheim nach Algei, haben wir bereits bei Speier erörtert. Es bleibt uns daher nur noch die Straße von Weisenheim nach Worms zu betrachten.

Ihre ehemalige Existenz wird durch den Namen der Wormser Straße erwiesen, welchen der in nordöstlicher Richtung abgehende Feldweg noch gegenwärtig führt. Derselbe zeigt auf Heuchelheim, einen ehemals mit Wall und Graben umgebenen Ort mit einer festen Ritterburg, daher wahrscheinlich römischen Ursprungs.

Diese Straße nach Worms scheint in umgekehrter südwestlicher Richtung eine Fortsetzung gehabt zu haben. In dieser Richtung liegt das von einem Wassergraben umgebene Schlößchen bei Freinsheim, 1424 als Burg vorkommend, und die heutige Stadt Dürkheim, wo die in das Thal führende Hauptstraße bis zu dem Gasthause zu den vier Jahreszeiten noch jetzt die Römerstraße heißt. Es hat sonach den Anschein, als ob die Römerstraße an dieser Stelle das Thal der Jsenach wieder verlassen und sich über Seebach in das Gebirge gezogen hätte.

---

40. Zweibrücken und Ixheim.

Zweibrücken und das benachbarte Ixheim scheinen zur Zeit der Römer ein zusammenhängendes Ganzes gebildet zu haben. Daß Zweibrücken selbst zu den römischen Städten zu rechnen sein dürfte, weil es schon in der ältesten Zeit Stadtmauern und im Innern nach römischer Gewohnheit eine Burg, das ehemalige Prätorium hatte, haben wir schon in der Einleitung erörtert. Daß sich aber die römischen Ansiedelungen bis Ixheim ausdehnten, beweist Tilemann Stella, welcher sagt:

> Hier findt man einen alten burgstal, welcher über dem Dorfe Ixem auf der Höhe gelegen ist, da man auch noch alte mauren und alte heidnische münzen findt, die bauren nennen es zu dieser Zeit die Burgelsheck.

Auch hat man gegen Ende des vorigen Jahrhunderts bei Ixheim eine Wasserleitung, verschiedene Laborirkammern und Anderes ausgegraben, was augenscheinlich von römischen Bauten herrührt, obgleich Bachmann, welcher in der Vorrede zu seinem pfalzzweibrückischen Staatsrechte von diesen Ausgrabungen Nachricht gibt, sie für mittelalterlich hält. Ob dagegen auch der alte massive Kirchthurm, welcher bis in die neueste Zeit in der Mitte des Dorfes stand, römischen Ursprungs gewesen sei, müssen wir dahingestellt sein lassen. Vermuthlich wurde er nur auf dem römischen Fundamente eines Sacellums aufgeführt.

Daß von Zweibrücken mehrere Straßen ausgingen, läßt sich als sicher annehmen. Einige davon haben wir schon bei Riesweiler und Schwarzenacker erwähnt; es bleiben daher nur noch zwei näher zu betrachten.

Noch im vorigen Jahrhunderte führte die gewöhnliche Landstraße von Zweibrücken nach Landstuhl über den Kreuzberg, und auf dem Bergrücken fort in beinahe gerader nördlicher Richtung. Daß diese Straße eine Römerstraße war, beweisen die Alterthümer, welche man unter herzoglich zweibrückischer Regierung auf der Höhe bei Käshofen gefunden hat. Nach unserer Vermuthung ging jedoch diese Straße nicht bis Landstuhl, obgleich das Dorf Martinshöh, welches auf dem Wege dahin liegt, sowohl wegen seines

Namens (denn der alte Namen Martinsher deutet auf eine Begräbnißstätte), als auch wegen des daselbst befindlichen, offenbar römischen Denksteins aus einer römischen Ansiedelung hervorgegangen zu sein scheint, sondern führte schon früher, bei Bruchmühlbach oder Hauptstuhl, in die Ebene des Reichsgebrüchs hinab, und quer durch dasselbe nach Steinwenden, wo sich in der Niederung, zwischen dem Dorfe und dem Mohrbache unverkennbare Reste römischer Bauten befinden (Int.-Bl. 1822 S. 527). Ist diese unsere Vermuthung richtig, was sich erst aus einer näheren Prüfung ergeben muß, so würde die weitere Fortsetzung in der Richtung gegen Kreuznach zu suchen sein. Ob jedoch der Weg dahin über Hirschhorn, von dessen alter Brücke in der Einleitung die Rede war, und über Schallodenbach, oder über die Römerburg bei Kreimbach und den Roßberg geführt hat, hängt noch von näheren Untersuchungen ab. Für die erstere Richtung spricht der Namen Heidenhübel zwischen Wiesenbach und Rottweiler, und die genau in diese Linie fallende Gemarkungsgränze zwischen den ehemaligen Gerichten Weilerbach und Ramstein bis zum Bernhardskreuze.

Die andere Straße, gleichfalls bis in die neueste Zeit die gewöhnliche Landstraße, führte von Zweibrücken östlich über die Höhe in die Gegend von Pirmasens. Neben ihr, im Waldbistricte Adelbösch bei Ruhschweiler, befanden sich mehrere Grabhügel, von denen einige früher geöffnet wurden und Armringe von Bronce, Kohlen u. s. w. enthielten (Int.-Bl. 1819 S. 524). Bei dem Staffelhofe traf diese Straße mit der Straße vom Baruswalde nach Straßburg zusammen. Ob sie noch eine andere Fortsetzung hatte, als über Klausen und Johanniskreuz, ist noch ungewiß.